(Par Flacon - Rochelle,
d'après Barbier.)

CODE CIVIL

DES FRANÇAIS.

AVIS

DE L'ÉDITEUR.

J'ai déposé, suivant l'usage,
Deux exemplaires de l'ouvrage
A la Bibliothèque ; ainsi,
J'annonce et je déclare ici,
Que j'entends constamment poursuivre,
De nos lois suivant la rigueur,
Tout contrefacteur de ce livre.
A Paris,

MOUTARD, *Editeur.*

CODE CIVIL

DES FRANÇAIS,

MIS EN VERS,

Avec le texte en regard,

LIVRE PREMIER.

Par J.-H. F. R.

De bonnes Lois civiles sont le plus grand bien
que les Hommes puissent donner et recevoir.

Discours préliminaire du projet du Code Civil.

A PARIS,

Chez Théodore LE CLERC jeune, libraire,
Quai des Augustins, N.º 34.

1805. — 2.ᵉ DE L'EMPIRE.

A

Monsieur BOULARD,

Membre du Corps-Législatif, ancien Maire du onzième Arrondissement, et Notaire à Paris.

J'AURAIS pu ne pas vous nommer
En vous dédiant cet Ouvrage,
Il aurait suffi d'exprimer
Les dons qui sont votre partage ;
Aux yeux de tous j'aurais montré
Le législateur éclairé,
Le magistrat que l'on révère,
Le citoyen paisible et courageux,
L'ami fidèle et généreux,
Le tendre époux et le bon père ;
J'aurais cité l'appui de la vertu,
J'aurais cité l'appui de l'indigence :
Sous les traits de la bienfaisance,
Soudain on vous eût reconnu.

Eh ! qui mieux que moi pourrait peindre
Vos vertus, vos bienfaits nombreux !
Vous secourez les malheureux,
D'autres ne savent que les plaindre.

Qu'avec plaisir je citerais
Vos écrits qui partout respirent
L'amour du bien et de la paix;
Oui, les sentiments qu'ils inspirent
Sont tous avoués par l'honneur;
Vous les puisez dans votre cœur.

O vous, soutien de mon jeune âge,
Vous qui comptez plus d'un succès,
Daignez agréer mes essais;
Pour moi, quel plus heureux présage!
Sans doute on peut blâmer l'ouvrage,
Le trouver diffus, imparfait;
Mais le censeur le moins discret
N'oserait en blâmer l'hommage.

AVERTISSEMENT.

Je ne publie, pour le moment, que le premier Livre du *Code civil en vers*; en me livrant à ce travail pénible, j'ai voulu vaincre la difficulté d'une étude nécessaire à l'état auquel je me destine, et graver plus facilement dans ma mémoire les articles du Code.

J'aime à croire qu'à une époque où cette étude est devenue si importante, des vers où l'on s'est efforcé de conserver le sens et les propres expressions de la loi, pourront être de quelqu'utilité aux jeunes gens qui, comme moi, ont embrassé la carrière de la Jurisprudence.

Qu'on ne s'attende point à trouver dans cet Ouvrage des rimes toujours riches, elles sont quelquefois à peine suffisantes; mais sans quelques césures imparfaites, sans quelques enjambements et d'autres licences, très-peu poétiques il est vrai, il eût fallu renoncer à l'entreprise. Tous les titres, à l'exception du dernier, sont en vers libres; j'ai cru que leur coupe variée

convenait mieux au sujet, que la mar-
che régulière des vers alexandrins.
J'aurais pu ne me servir que de vers
de huit pieds ; mais ces vers, n'ayant
aucune césure, finissent par être d'une
monotonie fatigante.

Je me plais ici à rendre hommage
à la mise en vers de la *Coutume de
Paris*, faite par M. Garnier-Deschesnes,
ancien notaire, et publiée il y a environ trente-six ans : c'est à son livre
que je dois la première idée de mon
travail : je lui ai même emprunté quelques vers pour deux ou trois articles
qui se trouvaient dans le Code, pres-
que les mêmes que dans la Coutume *.

L'Ouvrage de M. Deschesnes renferme le mérite de la difficulté, d'autant mieux vaincue, que les trois
cent soixante-deux articles de la Coutume, écrits en vieux français, étaient
loin d'offrir la clarté du Code civil,
qui est aujourd'hui un des plus beaux
monuments élevés à la gloire de la
Nation française.

* Ces articles empruntés se trouvent compris dans
l'article 220 du Code.

CODE CIVIL

DES FRANÇAIS.

CODE CIVIL

DES FRANÇAIS.

TITRE PRÉLIMINAIRE.

Décrété le 14 ventose an 11, promulgué le 24.

Sur la Publication, les Effets et l'Application des Lois en général.

ARTICLE PREMIER.

Les lois sont exécutoires dans tout le territoire français, en vertu de la promulgation qui en est faite par le premier consul.

Elles seront exécutées dans chaque partie de la république, du moment où la promulgation en pourra être connue.

CODE CIVIL
DES FRANÇAIS.

TITRE PRÉLIMINAIRE.

Décrété le 14 ventose an II, premulgné le 24.

Sur la Publication, les Effets et l'Application des Lois en général.

ARTICLE PREMIER.

QUAND le premier Consul a promulgué les lois,
   Elles ont force exécutoire,
Et l'on doit, en ce cas, obéir à leur voix,
   Des Français dans le territoire ;

Elles auront leur exécution
Sur chaque point de notre République,
   Dès que la promulgation
   En sera counue et publique.

La promulgation faite par le premier consul sera réputée connue dans le département où siégera le gouvernement, un jour après celui de la promulgation ; et dans chacun des autres départements, après l'expiration du même délai, augmenté d'autant de jours qu'il y aura de fois dix myriamètres (environ 20 lieues) entre la ville où la promulgation aura été faite, et le chef-lieu de chaque département.

2. La loi ne dispose que pour l'avenir; elle n'a point d'effet rétroactif.

3. Les lois de police et de sureté obligent tous ceux qui habitent le territoire.

Les immeubles, même ceux possédés par des étrangers, sont régis par la loi française.

Les lois concernant l'état et la capacité des personnes, régissent les Français, même résidant en pays étranger.

A l'égard du département
Où siége le Gouvernement,
La promulgation est connue et parfaite
Un jour après que le Consul l'a faite ;
Dans les autres départemens,
Elle est connue après le même temps,
En ayant soin d'ajouter et de mettre
Autant de jours que l'on compte de fois
Un décuple myriamètre
Entre la ville où l'on sait que les lois
Ont d'abord été promulguées ,
Et les villes qui sont pour chefs-lieux distinguées.

2. La loi dispose et parle en France ,
Mais ce n'est que pour l'avenir ;
L'effet rétroactif ne peut lui convenir,
Et le passé n'est plus en sa puissance.

3. Toutes lois de police et lois de sûreté
Ont une force obligatoire
Envers les habitants de notre territoire,
Lesquels sont tous soumis à leur autorité.

Tous biens dont la nature est immobiliaire,
Encor qu'un étranger en soit propriétaire,
Aux lois françaises sont soumis ,
Et par ces lois doivent être régis.

Les diverses lois qui concernent
Des personnes l'état et la capacité ,
Sont propres aux Français et toujours les gouvernent,
Même ceux résidant sous un ciel écarté.

4. Le juge qui refusera de juger, sous prétexte du silence, de l'obscurité ou de l'insuffisance de la loi, pourra être poursuivi comme coupable de déni de justice.

5. Il est défendu aux juges de prononcer, par voie de disposition générale et réglementaire, sur les causes qui leur sont soumises.

6. On ne peut déroger, par des conventions particulières, aux lois qui intéressent l'ordre public et les bonnes mœurs.

4. Sous prétexte d'insuffisance
Ou de l'obscurité des lois,
Sous prétexte de leur silence,
Le magistrat qui refuse sa voix,
Et qui d'un juge enfin ne remplit point l'office,
Peut être poursuivi pour déni de justice.

5. Aux juges il est fait défense très-sévère
De prononcer par disposition
Générale et réglementaire,
Sur la cause soumise à leur décision.

6. Toutes les fois que les lois intéressent
Et l'ordre public et les mœurs,
Il faut en être observateurs;
Et par des clauses qui les blessent
Et qui pourraient les outrager,
On ne doit point y déroger.

LIVRE PREMIER.

Des Personnes.

TITRE PREMIER.

De la jouissance et de la Privation des Droits civils.

Décrété le 17 ventose an 11 , promulgué le 27 du même mois,

CHAPITRE PREMIER.

De la jouissance des Droits civils.

ART. 7. L'exercice des droits civils est indépendant de la qualité de *citoyen*, laquelle ne s'acquiert et ne se conserve que conformément à la loi constitutionnelle.

8. Tout Français jouira des droits civils.

LIVRE PREMIER.

Des Personnes.

TITRE PREMIER.

De la jouissance et de la Privation des Droits civils.

Décrété le 17 ventose an 11, promulgué le 27 du même mois.

CHAPITRE PREMIER.

De la jouissance des Droits civils.

ART. 7. Des droits civils, sur l'exercice,
La qualité de citoyen
Ne saurait influer en rien ;
Et cette qualité propice
Ne se conserve et ne s'obtient
Qu'en observant ce que rappelle
La loi constitutionnelle.

8. Alors que Français on sera,
Des droits civils on jouira.

9. Tout individu né en France, d'un étranger, pourra, dans l'année qui suivra l'époque de sa majorité, réclamer la qualité de *Français*, pourvu que, dans le cas où il résiderait en France, il déclare que son intention est d'y fixer son domicile, et que, dans le cas où il résiderait en pays étranger, il fasse sa soumission de fixer en France son domicile, et qu'il l'y établisse dans l'année, à compter de l'acte de soumission.

10. Tout enfant né d'un Français, en pays étranger, est Français.

Tout enfant né en pays étranger, d'un Français qui aurait perdu la qualité de Français, pourra toujours recouvrer cette qualité, en remplissant les formalités prescrites par l'art. 9.

11. L'étranger jouira en France des mêmes droits civils que ceux qui sont ou seront accordés aux Français par les traités de la nation à laquelle cet étranger appartiendra.

9. Tout individu né sous le ciel de la France,
Et qui d'un étranger a reçu la naissance,
Peut, dans l'an qui succède à sa majorité,
Réclamer de Français l'auguste qualité ;
Mais sur le sol français , s'il fait sa résidence,
Il devra déclarer que son intention
    Est d'y rester en permanence.
    S'il a son habitation
En pays étranger, il faut qu'en assurance
    Il fasse déclaration
Que, dans la France , il veut fixer son domicile,
  Et qu'il l'y fixe, en citoyen docile,
Dans l'année, à compter de sa soumission.

    10. L'enfant dont un Français est père,
Est Français, quoiqu'il soit né sur une autre terre :
Si son père a perdu le titre de Français,
L'enfant peut recouvrer ce titre avec succès :
A cette qualité que toujours il prétende ,
  Mais il faudra qu'en ce cas important
    Il exécute exactement
  Ce que l'article neuf demande.

    11. L'étranger doit jouir en France
Des mêmes droits civils que ceux dont les Français
  Ont ou pourront avoir la jouissance
  Par les traités qui sont ou seront faits
    Avec la puissance à laquelle
Appartiendra celui qu'étranger on appelle.

12. L'étrangère qui aura épousé un Français, suivra la condition de son mari.

13. L'étranger qui aura été admis par le gouvernement à établir son domicile en France, y jouira de tous les droits civils tant qu'il continuera d'y résider.

14. L'étranger, même non résidant en France, pourra être cité devant les tribunaux français, pour l'exécution des obligations par lui contractées en France avec un Français; il pourra être traduit devant les tribunaux de France pour les obligations par lui contractées en pays étranger, envers des Français.

15. Un Français pourra être traduit devant un tribunal de France pour des obligations par lui contractées en pays étranger, même avec un étranger.

12. Lorsqu'une étrangère a choisi
Un Français pour époux, alors cette étrangère
Suit aussitôt de son mari
La condition toute entière.

13. Un étranger que le gouvernement
Admet à se fixer en France,
Des droits civils jouira constamment,
Tant qu'il continuera d'y faire résidence.

14. Devant nos tribunaux chacun pourra citer
Un étranger, quoique sa résidence
Soit hors du sol français, pour faire exécuter
Les obligations qu'il a pu contracter
Avec un Français dans la France;
Pour avoir exécution
D'une exacte obligation
Par cet étranger contractée
Vis-à-vis d'un Français en pays étranger,
La cause peut être portée
Aux tribunaux de France en droit de la juger.

15. Devant un tribunal français,
On peut traduire un Français désormais,
Pour le contraindre à satisfaire
Aux objets sur lesquels il a pu s'engager
Dans une contrée étrangère,
Même à l'égard d'un étranger.

16. En toutes matières, autres que celles de commerce, l'étranger qui sera demandeur, sera tenu de donner caution pour le paiement des frais et dommages-intérêts résultant du procès, à moins qu'il ne possède en France des immeubles d'une valeur suffisante pour assurer ce paiement.

CHAPITRE II.

De la Privation des Droits civils.

SECTION PREMIÈRE.

De la Privation des Droits civils par la perte de la qualité de Français.

ART. 17. La qualité de Français se perdra, 1°. par la naturalisation acquise en pays étranger; 2°. par l'acceptation, non autorisée par le gouvernement, de fonctions publiques conférées par un gouver-

16. Constamment, en toute matière
Où de commerce il n'est point question,
Il faut que l'étranger fournisse caution
Suffisante pour satisfaire,
En ce cas, au paiement des frais
Et des dommages-intérêts
Qui, contre lui, dans cette affaire,
Pourront résulter du procès,
A moins qu'il ne possède en France
Des immeubles dont la valeur
Suffise du paiement pour donner l'assurance;
Le tout quand l'étranger sera le demandeur.

CHAPITRE II.

De la Privation des Droits civils.

SECTION PREMIÈRE.

De la Privation des Droits civils par la perte de la qualité de Français.

ART. 17. La naturalisation
En pays étranger acquise,
De même l'acceptation
Par le gouvernement n'étant pas lors permise,
De fonctions que pourrait conférer

nement étranger; 3°. par l'affiliation à toute
corporation étrangère qui exigera des distinctions de naissance; 4°. enfin, par tout
établissement fait en pays étranger sans
esprit de retour.

Les établissements de commerce ne pourront jamais être considérés comme ayant
été faits sans esprit de retour.

18. Le Français qui aura perdu sa qualité
de Français, pourra toujours la recouvrer
en rentrant en France avec l'autorisation
du gouvernement, et en déclarant qu'il
veut s'y fixer, et qu'il renonce à toute distinction contraire à la loi française.

19. Une femme française qui épousera un
étranger, suivra la condition de son mari.

Un gouvernement étranger,
Et dont il faudrait faire un public exercice,
Font perdre très-expressément
De Français le titre propice.
Doit le perdre pareillement
L'individu qui s'affilie
A quelques corporations
Existant hors de la patrie,
Qui de naissance encor font des distinctions.
Tout établissement qu'un Français pourrait faire
Dans une contrée étrangère,
Sans esprit de retour, fait perdre sur-le-champ
De Français le titre important.
Les établissements pour trafic qu'on exerce,
Et faits par esprit de commerce,
Ne seront réputés jamais,
Sans esprit de retour, comme ayant été faits.

18. Le Français qui perdra le titre de Français,
Pourra le recouvrer toujours avec succès,
Pourvu qu'il rentre dans la France
Etant autorisé par le gouvernement,
En déclarant au même instant
Qu'il veut y faire résidence,
Et qu'il quitte de bonne-foi
Toute distinction contraire à notre loi.

19. Lorsqu'une Française a choisi
Un époux étranger, il devient nécessaire

Si elle devient veuve, elle recouvrera la qualité de Française, pourvu qu'elle réside en France, ou qu'elle y rentre avec l'autorisation du gouvernement, et en déclarant qu'elle veut s'y fixer.

20. Les individus qui recouvreront la qualité de Français dans les cas prévus par les articles 10, 18 et 19, ne pourront s'en prévaloir qu'après avoir rempli les conditions qui leur sont imposées par ces articles, et seulement pour l'exercice des droits ouverts à leur profit depuis cette époque.

21. Le Français qui, sans autorisation du gouvernement, prendrait du service militaire chez l'étranger, ou s'affilierait à une corporation militaire étrangère, perdra sa qualité de Français.

Il ne pourra rentrer en France qu'avec la permission du gouvernement, et recou-

Qu'elle suive de son mari
La condition toute entière;
Mais, en cas de viduité,
Elle peut recouvrer encor la qualité
De Française, pourvu qu'elle réside en France,
Ou qu'elle y rentre, en déclarant
Qu'elle y veut faire résidence,
Autorisée à ce par le gouvernement.

20. Ceux qui recouvreront le titre
De Français, dans les cas précis,
Prévus par les articles dix,
Dix-huit, même dix-neuf mis au présent chapitre,
N'auront droit de s'en prévaloir,
Qu'après avoir accompli chaque clause
Qu'aux articles susdits le code leur impose;
Et seulement afin d'avoir,
L'exercice et la jouissance,
Selon les lois, des droits divers
Qui, depuis cette circonstance,
A leur profit seront ouverts.

21. Le Français qui légèrement
Prend du service militaire
Dans une contrée étrangère,
Sans être autorisé par le gouvernement,
Ou bien encor qui s'affilie,
Sans cette autorisation,
A quelque corporation

vrer la qualité de Français qu'en remplissant les conditions imposées à l'étranger
pour devenir citoyen ; le tout sans préjudice des peines prononcées par la loi criminelle contre les Français qui ont porté
ou porteront les armes contre leur patrie,

SECTION II.

De la privation des Droits civils par suite des condamnations judiciaires.

ART. 22. Les condamnations à des peines
dont l'effet est de priver celui qui est condamné, de toute participation aux droits
civils ci-après exprimés, emporteront la
mort civile.

Qui, hors de la France établie,
Des armes fait son occupation,
Perd la qualification
De Français, et ne peut en France
Rentrer sans la permission
Dont le gouvernement fait seul la délivrance.
De recouvrer en conséquence
Le titre de Français, il aura le moyen
En accomplissant chaque clause
Qu'à l'étranger en France l'on impose,
S'il veut devenir citoyen.
Le tout sans empêcher que la loi criminelle
Dicte ses châtiments vis-à-vis des Français
Qui, bravant leur patrie en leurs tristes excès,
Ont porté les armes contr'elle
Ou les porteraient désormais.

SECTION II.

De la Privation des Droits civils par suite
des condamnations judiciaires.

22. Les condamnations qui prononcent des peines,
Dont les conséquences certaines
Sont de priver ceux qui sont condamnés
De prendre part d'une manière utile
Aux droits civils qui vont être déterminés,
Emporteront la mort civile.

23. La condamnation à la mort naturelle emportera la mort civile.

24. Les autres peines afflictives perpétuelles n'emporteront la mort civile qu'autant que la loi y aurait attaché cet effet.

25. Par la mort civile, le condamné perd la propriété de tous les biens qu'il possédait ; sa succession est ouverte au profit de ses héritiers, auxquels ses biens sont dévolus de la même manière que s'il était mort naturellement et sans testament.

Il ne peut plus ni recueillir aucune succession, ni transmettre à ce titre les biens qu'il a acquis par la suite.

Il ne peut ni disposer de ses biens, en tout ou en partie, par donation entre-vifs

23. La condamnation à la mort naturelle
Emportera mort civile avec elle.

    24. Les autres peines qui seront
    Afflictives perpétuelles,
    Décidément n'emporteront
    La civile mort avec elles,
    Qu'autant que la loi, par le fait,
    Y voudrait joindre cet effet.

    25. La mort civile est cause de la perte
Que fait le condamné de la possession
De tous ses biens ; et sa succession
    Au même instant se trouve ouverte
    Au profit de ses héritiers,
Auxquels ses biens sont transmis tout entiers,
    Et ce de la même manière
Que s'il était mort naturellement,
    Sans avoir eu le soin de faire
    Et de laisser un testament.

    Nulle hérédité ne peut être
    Par lui reçue à l'avenir ;
    A ce titre, il ne peut transmettre
Les biens que par la suite il pourrait acquérir.

    Soit partielle, soit entière,
De ses biens il n'a plus la disposition

ni par testament, ni recevoir à ce titre,
si ce n'est pour cause d'aliments.

Il ne peut être nommé tuteur, ni concourir aux opérations relatives à la tutelle.

Il ne peut être témoin dans un acte so-
lennel ou authentique, ni être admis à
porter témoignage en justice.

Il ne peut procéder en justice, ni en défendant, ni en demandant, que sous le
nom et par le ministère d'un curateur spécial qui lui est nommé par le tribunal où
l'action est portée.

Il est incapable de contracter un mariage qui produise aucun effet civil.

Le mariage qu'il avait contracté précédemment est dissous quant à tous ses effets
civils.

Par testament ni par donation
   Qu'entre-vifs il prétendrait faire.
   De même, en nulle occasion,
A ce titre il ne peut recevoir nulle chose,
   D'aliments, si ce n'est pour cause.

De remplir d'un tuteur aucunes fonctions
   Il n'a pas faculté réelle,
Et ne peut concourir aux opérations
   Relatives à la tutelle.

Dans un acte, il ne peut jamais être témoin
Quand l'authenticité de l'acte est le partage.
   En justice on aura le soin
   De refuser son témoignage.

   En demandant, en défendant,
En justice il ne peut ester aucunement
  Que sous le nom et par le ministère
  D'un curateur qui sera spécial,
   Et choisi par le tribunal
   Qui sera saisi de l'affaire.

   Il n'a nulle capacité
   Pour contracter un mariage
   D'effets civils accompagné.

L'hymen antérieur qui dans ses nœuds l'engage,
Quant aux effets civils, est dissous en entier.

Son époux et ses héritiers peuvent exercer respectivement les droits et les actions auxquels sa mort naturelle donnerait ouverture.

26. Les condamnations contradictoires n'emportent la mort civile qu'à compter du jour de leur exécution, soit réelle, soit par effigie.

27. Les condamnations par contumace n'emporteront la mort civile qu'après les cinq années qui suivront l'exécution du jugement par effigie, et pendant lesquels le condamné peut se représenter.

28. Les condamnés par contumace seront, pendant les cinq ans, ou jusqu'à ce qu'ils se représentent, ou qu'ils soient arrêtés pendant ce délai, privés de l'exercice des droits civils.

Leurs biens seront administrés et leurs droits exercés de même que ceux des absents.

Lorsque sa mort civile arrive,
Son époux et chaque héritier
Peuvent, dans ce cas, exercer
D'une manière respective
Les actions et droits divers
Que la mort naturelle aurait rendus ouverts.

26. La condamnation mise en un jugement
Rendu contradictoirement,
De mort civile n'est suivie
Qu'à compter seulement, en cette occasion,
Du jour de l'exécution,
Ou réelle ou par effigie.

27. Toutes personnes condamnées
Par contumace ont la permission
De se représenter pendant les cinq années
Qui suivront l'exécution
Du jugement par effigie ;
Mais ne l'ayant point fait, la condamnation
De la mort civile est suivie.

28. Les condamnés par contumace
Sont, des cinq ans pendant l'espace,
Ou jusqu'à ce qu'ils soient en effet arrêtés,
Ou qu'ils se soient représentés,
Des droits civils privés de l'exercice.

Leurs biens seront administrés d'office,
Et leurs droits seront en tout temps
Exercés comme on fait pour les droits des absens.

29. Lorsque le condamné par contumace se présentera volontairement dans les cinq années, à compter du jour de l'exécution, ou lorsqu'il aura été saisi et constitué prisonnier dans ce délai, le jugement sera anéanti de plein droit; l'accusé sera remis en possession de ses biens; il sera jugé de nouveau; et si, par ce nouveau jugement, il est condamné à la même peine, ou à une peine différente emportant également la mort civile, elle n'aura lieu qu'à compter du jour de l'exécution du second jugement.

30. Lorsque le condamné par contumace, qui ne se sera représenté ou qui n'aura été constitué prisonnier qu'après les cinq ans, sera absous par le nouveau jugement, ou n'aura été condamné qu'à une peine qui n'emportera pas la mort civile, il rentrera dans la plénitude de ses

29. Lorsqu'un condamné contumace
De sa personne fait la présentation
    Volontairement dans l'espace
De cinq ans, à compter de l'exécution,
Ou bien dans ce délai quand s'étant laissé prendre,
    Il est établi prisonnier,
    Son jugement, sans plus attendre,
    Est anéanti tout entier.
  Cet accusé reprend, sans qu'on diffère,
    De ses biens la possession,
    Et de son procès l'on doit faire
    Une nouvelle instruction.
    Si le nouveau jugement porte
    Contre lui même châtiment,
    Ou tout autre, lequel emporte
    La mort civile également,
    Elle ne doit être parfaite
    Qu'à compter du jour seulement
    Où de ce second jugement
    L'exécution sera faite.

30. Lorsqu'un condamné contumace,
    Qui ne se serait présenté,
    Ou que l'on n'aurait arrêté
    Qu'après cinq ans, délai de grace,
Sera, par la teneur du nouveau jugement,
    Absous et renvoyé tranquille,
Ou bien ne subira que quelque châtiment,

droits civils, pour l'avenir, et à compter du jour où il aura reparu en justice ; mais le premier jugement conservera, pour le passé, les effets qu'avait produits la mort civile dans l'intervalle écoulé depuis l'époque de l'expiration des cinq ans jusqu'au jour de sa comparution en justice.

31. Si le condamné par contumace meurt dans le délai de grace des cinq années, sans s'être représenté, ou sans avoir été saisi ou arrêté, il sera réputé mort dans l'intégrité de ses droits : le jugement de contumace sera anéanti de plein droit, sans préjudice néanmoins de l'action de la partie civile, laquelle ne pourra être intentée contre les héritiers du condamné que par la voie civile.

32. En aucun cas, la prescription de la peine ne réintégrera le condamné dans ses droits civils pour l'avenir.

N'emportant pas la mort civile ;
Il doit recouvrer à loisir
De ses droits civils l'exercice,
Mais seulement pour l'avenir,
A compter de l'époque où, finissant de fuir,
On l'aura vu se montrer en justice ;
Mais cependant le premier jugement
Ne peut, en ce cas important,
Être tout-à-fait inutile ;
Il maintiendra pour le passé
Les effets que de l'accusé
Aura produits la mort civile,
Depuis la fin des cinq ans accomplis,
Jusqu'au jour qu'en justice il se sera remis.

3r. Si le condamné contumace,
Sans qu'il se soit représenté,
Ou bien sans qu'on l'ait arrêté,
Vient à mourir dans le délai de grace,
Il sera réputé mort de ses droits pourvu ;
Le jugement sera comme non-avenu,
Sans préjudicier à l'action civile,
Qu'on ne pourra former d'une manière utile
Contre les héritiers du défunt condamné,
Qu'au civil seulement : ce mode est ordonné.

32. Alors que la peine est prescrite,
Cette prescription en nul cas ne profite
Au condamné pour lui reconquérir
Ses droits civils pour l'avenir.

33. Les biens acquis par le condamné depuis la mort civile encourue, et dont il se trouvera en possession au jour de sa mort naturelle, appartiendront à la nation par droit de déshérence.

Néanmoins le gouvernement en pourra faire, au profit de la veuve, des enfants ou parents des condamnés, telles dispositions que l'humanité lui suggérera.

33. Les biens acquis d'une manière utile
Par quelque condamné, depuis la mort civile,
   Et dont possesseur il sera,
Quand naturellement sa mort arrivera,
   A l'état, dans cette occurrence,
Appartiendront par droit de déshérence.

   Néanmoins le gouverne ment,
   Par un principe salutaire,
Des biens susdits peut faire tel présent
   Que l'humanité lui suggère,
Des condamnés à la veuve, aux enfants,
   Ou bien à leurs autres parents.

~~~~~~~~~~~~~~~~~~~~~~

TITRE SECOND.

Des Actes de l'Etat civil.

Décrété le 20 ventose an 11, promulgué le 30.

CHAPITRE PREMIER.

Dispositions générales.

ART. 34. Les actes de l'état civil énonceront l'année, le jour et l'heure où ils seront reçus, les prénoms, noms, âge, profession et domicile de tous ceux qui y seront dénommés.

35. Les officiers de l'état civil ne pourront rien insérer dans les actes qu'ils recevront, soit par note, soit par énonciation quelconque, que ce qui doit être déclaré par les comparants.

TITRE SECOND.

Des Actes de l'Etat civil.

Décrété le 20 ventose an 11, promulgué le 50.

CHAPITRE PREMIER.

Dispositions générales.

34. De l'état civil tous les actes
Enonceront, dans des formes exactes,
L'heure, le jour et l'an de leur réception,
Les prénoms, noms, profession,
Ainsi que l'âge véritable
Et le domicile valable
De ceux qui seront dénommés
Dans les actes sus-exprimés.

35. Dudit état civil les officiers seront,
Dans les actes qu'ils recevront,
Tenus de ne jamais rien mettre,
Soit par énonciation,
Soit par quelqu'annotation,
Que les choses dont il doit être,
Par ceux qui paraîtront, fait déclaration.

36. Dans les cas où les parties intéressées ne seront point obligées de comparaître en personne, elles pourront se faire réprésenter par un fondé de procuration spécial et authentique.

37. Les témoins produits aux actes de l'état civil ne pourront être que du sexe masculin, âgés de 21 ans au moins, parents ou autres; et ils seront choisis par les personnes intéressées.

38. L'officier de l'état civil donnera lecture des actes aux parties comparantes, ou à leurs fondés de procuration, et aux témoins.

Il y sera fait mention de l'accomplissement de cette formalité.

39. Ces actes seront signés par l'officier de l'état civil, par les comparants et les témoins; ou mention sera faite de la cause qui empêchera les comparants et les témoins de signer.

40. Les actes de l'état civil seront inscrits, dans chaque commune, sur un ou plusieurs registres tenus doubles.

36. Dans tous les cas où les intéressés
    Ne se trouveront point forcés
    En personne de comparaître,
    Représentés ils pourront être
Par un fondé de pouvoir spécial,
Et sera ce pouvoir authentique et légal.

37. Aux actes ci-dessus tous les témoins produits
Du sexe masculin seulement pourront être,
    Ayant au moins vingt-un ans accomplis ;
Parents ou non parents, et tous seront choisis
Par les intéressés, qui les feront paraître.

    38. De l'état civil l'officier
    Lira les actes en entier
    Aux témoins, à chaque partie,
Ainsi qu'à tout fondé de procuration :
Cette formalité se trouvant accomplie,
    Il en sera fait mention.

39. Tous ces actes seront par l'officier signés,
Et par les comparants et témoins désignés,
Ou bien l'on y fera la mention exacte
De la cause, empêchant les comparants susdits ;
    Ainsi que les témoins produits,
D'apposer, en ce cas, leur signature à l'acte.

    40. Ces actes, dans chaque commune,
    Seront inscrits, sans négligence aucune,
Sur un registre, ou bien sur plusieurs qu'on tiendra
    En tout temps par duplicata.

r.   3

41. Les registres seront cotés par première et dernière, et paraphés, sur chaque feuille, par le président du tribunal de première instance, ou par le juge qui le remplacera.

42. Les actes seront inscrits sur les registres, de suite, sans aucun blanc. Les ratures et les renvois seront approuvés et signés de la même manière que le corps de l'acte. Il n'y sera rien écrit par abréviation, et aucune date ne sera mise en chiffres.

43. Les registres seront clos et arrêtés par l'officier de l'état civil, à la fin de chaque année ; et, dans le mois, l'un des doubles sera déposé aux archives de la commune, l'autre au greffe du tribunal de première instance.

41. Le président du tribunal jugeant
Les causes d'instance première,
Ou le juge le remplaçant,
Devra coter par première et dernière
Les registres déjà cités,
Lesquels, étant ainsi cotés,
Seront par lui, dans la forme ordinaire,
Sur chaque feuille paraphés.

42. Tous les actes seront inscrits à chaque fois
Dessus les registres, de suite,
Sans qu'aucun blanc y soit licite.
Les ratures et les renvois
Seront, d'une manière exacte,
Approuvés et signés comme le corps de l'acte ;
Aucune abréviation
N'y pourra jamais être mise,
Et nulle date, avec raison,
En chiffres n'y sera permise.

43. Par une règle ici tracée,
De l'état civil, l'officier
Doit, à la fin de chaque année,
Tous ses registres arrêter ;
Et, dans le mois, sans négligence aucune,
L'un des doubles sera déposé strictement
Aux archives de la commune,
Et l'autre au greffe dépendant
Du tribunal qui juge en sa prudence
Les causes de première instance,

44. Les procurations et les autres pièces qui doivent demeurer annexées aux actes de l'état civil, seront déposées, après qu'elles auront été paraphées par la personne qui les aura produites, et par l'officier de l'état civil, au greffe du tribunal, avec le double des registres dont le dépôt doit avoir lieu audit greffe.

45. Toute personne pourra se faire délivrer, par les dépositaires des registres de l'état civil, des extraits de ces registres. Les extraits délivrés conformes aux registres, et légalisés par le président du tribunal de première instance, ou par le juge qui le remplacera, feront foi jusqu'à inscription de faux.

46. Lorsqu'il n'aura pas existé de registres, ou qu'ils seront perdus, la preuve en sera reçue tant par titres que par témoins; et, dans ces cas, les mariages, naissances

44. Les procurations et les pièces devant
Aux actes ci-dessus demeurer annexées,
  Après que préalablement
  L'individu qui les aura données,
Et de l'état civil l'officier exerçant,
  Les auront tous deux paraphées,
Seront du tribunal au greffe déposées
  En même temps que le duplicata
    Des registres dont il faudra
    Que l'officier civil opère
Dans le greffe susdit le dépôt nécessaire.

45. Quant à l'état civil, les extraits nécessaires
    De tous les registres tenus,
    Vis-à-vis des dépositaires,
Pourront être requis par tous individus.
Jusqu'à ce que de faux l'inscription soit faite,
    Lesdits extraits font foi complète,
    S'ils sont écrits conformément
Aux registres civils, et si le président
Du tribunal qui juge en instance première,
    Ou le juge le remplaçant,
Les a légalisés en la forme ordinaire.

    46. Si les registres sont perdus,
  Ou s'il n'a point existé de registre,
    La preuve alors s'en administre
Par titres et témoins à déposer reçus;

et décès pourront être prouvés tant par les registres et papiers émanés des pères et mères décédés, que par témoins.

47. Tout acte de l'état civil des Français et des étrangers, fait en pays étranger, fera foi, s'il a été rédigé dans les formes usitées dans ledit pays.

48. Tout acte de l'état civil des Français en pays étranger, sera valable, s'il a été reçu, conformément aux lois françaises, par les agents diplomatiques, ou par les commissaires des relations commerciales de la république.

49. Dans tous les cas où la mention d'un acte relatif à l'état civil devra avoir lieu en marge d'un autre acte déjà inscrit, elle sera faite, à la requête des parties intéres-

Et, dans ce cas, tout mariage,
Naissances et décès, pourront être prouvés,
Tant par les papiers émanés
Et les registres à l'usage
Des père et mère décédés,
Que par individus qui rendront témoignage.

47. De l'état civil des Français,
Ou bien des étrangers; tous actes étant faits
Dans une contrée étrangère,
Feront foi, s'ils sont rédigés
Avec les styles exigés,
Du pays étranger, par l'usage ordinaire.

48. De l'état civil actes faits
En pays étranger à l'égard des Français,
Pourront toujours en assurance
Pour valables être tenus,
Lorsqu'ils auront été reçus
Conformément aux lois de France,
Soit par un commissaire ayant des fonctions
Pour le fait de la république,
Concernant le commerce en ses relations,
Soit par l'agent diplomatique.

49. Lorsque la mention exacte
D'un acte qui concernera
L'état civil, être mise devra
A la marge de quelqu'autre acte
Aux registres inscrit déja;

sées, par l'officier de l'état civil, sur les registres courants ou sur ceux qui auront été déposés aux archives de la commune, et par le greffier du tribunal de première instance, sur les registres déposés au greffe ; à l'effet de quoi l'officier de l'état civil en donnera avis, dans les trois jours, au commissaire du gouvernement près ledit tribunal, qui veillera à ce que la mention soit faite d'une manière uniforme sur les deux registres,

50. Toute contravention aux articles précédents de la part des fonctionnaires y dénommés, sera poursuivie devant le tribunal de première instance, et punie d'une amende qui ne pourra excéder cent francs.

Cette mention sera faite,
A la diligence et requête
De ceux qu'elle intéressera,
Par l'officier civil, sans négligence aucune,
Sur chaque registre courant,
Ou sur ceux déposés antérieurement
Aux archives de la commune :
En outre, le greffier du tribunal jugeant
Les causes d'instance première,
Même mention devra faire
Sur les registres se trouvant
Au greffe déposés comme est dit ci-devant ;
Pour cette mention, il sera nécessaire
Que l'officier civil prévienne exactement,
Dans les trois jours, le commissaire
Que le gouvernement aura
Près ledit tribunal, et qui lors veillera
A ce qu'elle soit mise et faite
D'une manière uniforme et complète,
Sur le registre et son duplicata.

50. Toutes les actions contraires
Aux articles divers ci-devant exprimés
De la part des fonctionnaires
Que l'on y trouve dénommés,
Au tribunal susdit sont toujours poursuivies,
Et par une amende punies,
Laquelle amende, en aucun temps,
Ne peut aller au-delà de cent francs.

51. Tout dépositaire des registres sera civilement responsable des altérations qui y surviendront, sauf son recours, s'il y a lieu, contre les auteurs desdites altérations.

52. Toute altération, tout faux dans les actes de l'état civil, toute inscription de ces actes faite sur une feuille volante, et autrement que sur les registres à ce destinés, donneront lieu aux dommages-intérêts des parties, sans préjudice des peines portées au code pénal.

53. Le commissaire du gouvernement près le tribunal de première instance sera tenu de vérifier l'état des registres lors du dépôt qui en sera fait au greffe ; il dressera un procès-verbal sommaire de la vérification, dénoncera les contraventions ou délits commis par les officiers de l'état

51. Tout individu qui sera
Des registres dépositaire,
Au civil toujours répondra
De l'altération que l'on y pourra faire :
Il aura son recours d'ailleurs,
Si, pour lui, ce recours milite,
Contre ceux qui seront auteurs
De l'altération susdite.

52. Tout faux, toute altération
Dans les actes susdits, et toute inscription
Que d'iceux on viendrait à faire
Sur un papier volant, ou d'une autre manière,
Que sur les registres étant
A ce destinés constamment,
Donneront lieu, sans réparties,
A tous dommages des parties,
Sans empêcher l'effet, au coupable fatal,
Des peines du code pénal.

53. Celui qui sera commissaire
Elu par le gouvernement
Auprès du tribunal jugeant
Les causes d'instance première,
Les registres vérifiera
Lors du dépôt qu'au greffe on en fera ;
Il dressera procès-verbal sommaire
De la vérification,

civil, et requerra contre eux la condamnation aux amendes.

54. Dans tous les cas où un tribunal de première instance connaîtra des actes relatifs à l'état civil, les parties intéressées pourront se pourvoir contre le jugement.

CHAPITRE II.

Des Actes de naissance.

ART. 55. Les déclarations de naissance seront faites, dans les trois jours de l'accouchement, à l'officier de l'état civil du lieu : l'enfant lui sera présenté.

56. La naissance de l'enfant sera déclarée par le père, ou, à défaut du père, par les docteurs en médecine ou en chirurgie,

Dénoncera la contravention
Ou les délits qu'auraient osé commettre
Les officiers que l'on sait être
A l'état civil préposés,
Et requerra qu'à supporter l'amende,
Selon que la loi le commande,
Ces officiers soient condamnés.

54. Lorsqu'un tribunal, décidant
Les causes d'instance première,
Connaîtra des actes ayant
Avec l'état civil un rapport nécessaire,
Tous les intéressés auront le droit constant
De se pourvoir contre le jugement.

CHAPITRE II.

Des Actes de naissance.

55. Des naissances, il faut qu'on fasse
Déclaration, dans l'espace
Des trois jours de l'accouchement,
A l'officier civil du lieu de la naissance ;
De plus, il faut expressément
Lui présenter l'enfant venant à l'existence.

56. La déclaration qu'un enfant vient de naître
Doit être faite exactement
Par le père dudit enfant;

sages-femmes, officiers de santé, ou autres personnes qui auront assisté à l'accouchement; et lorsque la mère sera accouchée hors de son domicile, par la personne chez laquelle elle sera accouchée.

L'acte de naissance sera rédigé de suite, en présence de deux témoins.

57. L'acte de naissance énoncera le jour, l'heure et le lieu de la naissance, le sexe de l'enfant et les prénoms qui lui seront donnés, les prénoms, noms, profession et domicile des père et mère, et ceux des témoins.

58. Toute personne qui aura trouvé un enfant nouveau-né, sera tenue de le remettre à l'officier de l'état civil, ainsi que

A son défaut, elle doit l'être
Par tout docteur en médecine, ou bien
Par tout docteur chirurgien ;
Pareillement doivent la faire
Sages-femmes, ainsi qu'officiers de santé,
Et tous autres enfin, lorsqu'ils ont assisté
A l'accouchement de la mère ;
Mais lorsque la mère, en effet,
De son domicile est absente,
La déclaration se fait
Par ceux chez lesquels elle enfante,
Et de suite alors on écrit
L'acte constatant la naissance,
Ce qui se fait en la présence
De deux témoins que l'on produit.

57. Dans l'acte seront désignés
Le sexe de l'enfant venant à l'existence,
Tous les prénoms qui lui seront donnés,
L'heure ainsi que le jour et lieu de la naissance,
Les prénoms, noms, profession
Et demeure des père et mère ;
Quant aux témoins, on devra faire
Pareille énonciation
Que pour la mère et pour le père.

58. Toute personne ayant trouvé
Un enfant nouvellement né,
A l'officier civil doit alors le remettre,

les vêtements et autres effets trouvés avec l'enfant, et de déclarer toutes les circonstances du temps et du lieu où il aura été trouvé.

Il en sera dressé un procès-verbal détaillé, qui énoncera en outre l'âge apparent de l'enfant, son sexe, les noms qui lui seront donnés, l'autorité civile à laquelle il sera remis : le procès-verbal sera inscrit sur les registres,

59. S'il naît un enfant pendant un voyage de mer, l'acte de naissance sera dressé dans les vingt-quatre heures, en présence du père, s'il est présent, et de deux témoins pris parmi les officiers du bâtiment, ou, à leur défaut, parmi les hommes de l'équipage. Cet acte sera rédigé, savoir : sur les bâtiments de l'état, par l'officier d'administration de la marine ; et sur les bâtiments appartenant à un armateur ou négociant, par le capitaine, maître ou pa-

Ainsi que les effets et les divers habits
  Avec l'enfant trouvés et recueillis,
  Et déclarer, sans rien omettre,
  Les circonstances du moment
Et du lieu dans lesquels elle a trouvé l'enfant ;

  Or, sans attendre davantage,
  Procès-verbal sera dressé,
  Où chacun de ces faits sera bien énoncé,
Qui de l'enfant dira quel est à peu près l'âge ;
  Où de plus seront désignés
  Les noms qui lui seront donnés ;
  Enfin, l'autorité civile
  A laquelle on le remettra ;
  Et ce procès-verbal sera
Aux registres inscrit d'une manière utile.

  59. Voyage de mer se faisant,
  S'il vient à naître quelqu'enfant,
  De naissance l'acte sincère,
  Dans les vingt-quatre heures sera
  Fait et dressé devant le père,
  Lorsqu'à bord il se trouvera,
Et devant deux témoins que de suite il faudra
  Choisir, pour rendre témoignage,
  Parmi les chefs du bâtiment,
Ou que l'on pourra prendre à leur défaut pourtant
  Chez les hommes de l'équipage,

tron du navire. L'acte de naissance sera inscrit à la suite du rôle d'équipage.

60. Au premier port où le bâtiment abordera, soit de relâche, soit pour toute autre cause que celle de son désarmement, les officiers de l'administration de la marine, capitaine, maître ou patron, seront tenus de déposer deux expéditions authentiques des actes de naissance qu'ils auront rédigés, savoir; dans un port français, au bureau du préposé à l'inscription maritime ; et dans un port étranger, entre les mains du commissaire des relations commerciales.

L'une de ces expéditions restera déposée au bureau de l'inscription maritime, ou à la chancellerie du commissariat; l'autre sera envoyée au ministre de la marine, qui fera parvenir une copie, de lui certi-

De l'état, sur tout bâtiment,
D'administration l'officier seul rédige
L'acte qu'en pareil cas exige
La naissance dudit enfant ;
Cette rédaction doit être
Faite par le patron, le capitaine ou maître
A bord des divers bâtiments
D'armateurs ou négociants.
Du rôle d'équipage on inscrit à la suite
L'acte prouvant la naissance susdite.

60. Au premier port où chaque bâtiment
Abordera, soit de relâche,
Soit pour toute autre cause et tâche
Que celle du désarmement,
Capitaine, patron ou maître,
Ou bien les officiers d'administration,
Devront déposer et remettre
Une double expédition,
Faite authentiquement, des actes de naissance
Qu'ils auront rédigés et faits
Pour les enfants venus à l'existence ;
Savoir : si c'est un port français,
Chez le préposé qui doit faire
La maritime inscription ;
Et si le port dépend d'une autre nation,
Entre les mains du commissaire
Qui, dans cette terre étrangère,

fiée, de chacun desdits actes, à l'officier
de l'état civil du domicile du père de l'enfant, ou de la mère, si le père est inconnu :
cette copie sera inscrite de suite sur les registres.

61. A l'arrivée du bâtiment dans le port
du désarmement, le rôle d'équipage sera
déposé au bureau du préposé à l'inscription maritime, qui enverra une expédition de l'acte de naissance, de lui signée,
à l'officier de l'état civil du domicile du
père de l'enfant, ou de la mère, si le père

Sera chargé de fonctions
Regardant le commerce et ses relations.
Sera déposée et fournie
Une des expéditions
Du commissariat à la chancellerie,
Ou bien dans les bureaux où se trouve établie
La maritime inscription ;
L'autre sera, dans cette occasion,
De la marine au ministre envoyée.
Cette expédition une fois arrivée,
De chaque acte aussitôt le ministre fera
Parvenir la copie entière,
De lui certifiée en la forme ordinaire,
A l'officier civil auprès duquel sera
Du père de l'enfant fixé le domicile',
Ou celui de la mère, en supposant pourtant
Qu'on ne connaisse point le père et son asile.
Cette copie exactement
Sur chaque registre, de suite,
Sera par l'officier inscrite.

61. Lorsque viendra le bâtiment
Dans le port du désarmement,
Le susdit rôle d'équipage
Aussitôt sera déposé
Dans le bureau du préposé
Chargé de faire, ainsi qu'il est d'usage,
La maritime inscription ;

est inconnu : cette expédition sera inscrite de suite sur les registres.

62. L'acte de reconnaissance d'un enfant sera inscrit sur les registres, à sa date; et il en sera fait mention en marge de l'acte de naissance, s'il en existe un.

CHAPITRE III.

Des Actes de mariage.

ART. 63. Avant la célébration du mariage, l'officier de l'état civil fera deux publications, à huit jours d'intervalle, un jour de dimanche, devant la porte de

Lequel fera de l'acte de naissance
 Passer une expédition
 De lui signée en conséquence,
A l'officier civil auprès duquel sera
Du père de l'enfant fixé le domicile,
Ou celui de la mère, en supposant pourtant
Qu'on ne connaisse point le père et son asile.
 Cette copie exactement
 Sur chaque registre, de suite,
 Sera par l'officier inscrite.

 62. Il faut qu'on inscrive et relate
 Sur les registres, à sa date,
 L'acte par lequel un enfant
 Est reconnu légalement;
Et s'il existe un acte de naissance,
 En marge, avec précision,
 Il faudra faire mention
 De l'acte de reconnaissance.

CHAPITRE III.

Des Actes de mariage.

 63. Avant la célébration
 Que l'officier civil doit faire,
 La double publication
 Du mariage est nécessaire;
Ces publications, un dimanche il fera,

la maison - commune. Ces publications, et l'acte qui en sera dressé, énonceront les prénoms, noms, professions et domiciles des futurs époux, leur qualité de majeurs ou de mineurs, et les prénoms, noms, professions et domiciles de leurs pères et mères. Cet acte énoncera, en outre, les jours, lieux et heures où les publications auront été faites : il sera inscrit sur un seul registre, qui sera coté et paraphé comme il est dit en l'article 41, et déposé, à la fin de chaque année, au greffe du tribunal de l'arrondissement.

64. Un extrait de l'acte de publication sera et restera affiché à la porte de la maison-commune pendant les huit jours d'intervalle de l'une à l'autre publication. Le

Toujours à huit jours d'intervalle,
Devant la porte principale
Que la maison-commune aura.
Elles diront, ainsi que l'acte
Que l'on en dressera, les prénoms et le nom,
En outre la profession
De chaque futur qui contracte,
Son domicile ; enfin, son titre de majeur
Ou sa qualité de mineur ;
Les prénoms et les noms des pères ;
Les prénoms et les noms des mères,
Ainsi que leurs professions
Et leurs principales demeures.
L'acte dira, de plus, les jours, même les heures
Et lieux des publications.
Aussitôt on devra l'inscrire
Sur un registre seul qui sera paraphé,
Et qui sera coté, comme on vient de le dire
Article quarante-un, et de plus déposé,
Alors qu'on voit que chaque année
Est accomplie et terminée,
Toujours au greffe dépendant
Du tribunal de l'arrondissement.

64. De l'acte ci-dessus prescrit
Extrait, fidèlement écrit,
Doit, pendant les huit jours d'intervalle de l'une
A l'autre publication,

mariage ne pourra être célébré avant le troisième jour, depuis et non compris celui de la seconde publication.

65. Si le mariage n'a pas été célébré dans l'année à compter de l'expiration du délai des publications, il ne pourra plus être célébré qu'après que de nouvelles publications auront été faites dans la forme ci-dessus prescrite.

66. Les actes d'opposition au mariage seront signés sur l'original et sur la copie par les opposants, ou par leurs fondés de procuration spéciale et authentique ; ils seront signifiés, avec la copie de la procuration, à la personne ou au domicile des parties, et à l'officier de l'état civil, qui mettra son *visa* sur l'original.

Demeurer affiché, sans nulle omission,
A la porte servant à la maison-commune;
De plus, on ne peut point rendre l'hymen parfait
Avant le jour connu pour être le troisième,
Depuis et non compris le jour où l'on a fait
 La publication deuxième.

 65. Toutes les fois que l'hyménée
N'aura pas lieu dans le cours de l'année
 Qui suivra l'expiration
 Du délai jugé nécessaire
 Pour chaque publication;
 Cet hymen ne pourra se faire
Qu'après avoir été de nouveau publié,
 Ainsi qu'il est plus haut spécifié.

 66. Les opposants au mariage,
Ou leurs fondés de pouvoir spécial,
 De plus authentique et légal,
 De leur signature d'usage
 Devront faire apposition
 Aux actes d'opposition,
Sur les originaux comme sur les copies.
 A la personne des parties
 Ces actes l'on signifiera,
Ou bien au domicile, avec copie entière
Des procurations; et de plus on devra
Signifier le tout de la même manière
A l'officier civil qui, de suite, mettra
 Sur l'original son *visa*.

67. L'officier de l'état civil fera, sans délai, une mention sommaire des oppositions sur le registre des publications; il fera aussi mention en marge de l'inscription desdites oppositions, des jugements ou des actes de main-levée dont expédition lui aura été remise.

68. En cas d'opposition, l'officier de l'état civil ne pourra célébrer le mariage avant qu'on lui en ait remis la main-levée, sous peine de trois cents francs d'amende et de tous dommages-intérêts.

69. S'il n'y a point d'opposition, il en sera fait mention dans l'acte de mariage; et si les publications ont été faites dans plusieurs communes, les parties remettront un certificat délivré par l'officier de l'état

67. L'officier civil devra faire,
Sans délai, mention sommaire
Desdites oppositions,
Sur le registre propre aux publications;
Pareillement il sera nécessaire
Qu'en marge de l'inscription
Des oppositions empêchant l'hyménée,
Il fasse exacte mention
Des jugements de main-levée
Ou des actes équivalant,
Dont expédition aura valablement
A lui-même été délaissée.

68. Si l'on s'oppose à l'hyménée,
De l'état civil l'officier
Ne pourra point le célébrer
Sans qu'on lui donne main-levée,
Sous peine, par lui, sans délais,
De payer trois cents francs d'amende,
Et tous dommages-intérêts,
Selon que le cas le demande.

69. Si nul à l'hymen ne s'oppose,
Dans l'acte d'hyménée il faudra qu'on l'expose;
Et si l'hymen est publié
Dans plusieurs lieux, en ce cas, on doit être
Tenu de fournir et remettre
Un certificat délivré

civil de chaque commune, constatant qu'il
n'existe point d'opposition.

70. L'officier de l'état civil se fera remettre l'acte de naissance de chacun des futurs
époux. Celui des époux qui serait dans l'impossibilité de se le procurer, pourra le suppléer en rapportant un acte de notoriété délivré par le juge de paix du lieu de sa naissance ou par celui de son domicile.

71. L'acte de notoriété contiendra la déclaration par sept témoins de l'un ou de
l'autre sexe, parents ou non parents, des
prénoms, nom, profession et domicile du
futur époux, et de ceux de ses père et mère,
s'ils sont connus; le lieu, et, autant que possible, l'époque de sa naissance, et les causes qui empêchent d'en rapporter l'acte.
Les témoins signeront l'acte de notoriété

Par l'officier civil, mis dans chaque commune,
Siége des publications,
Constatant qu'en façon aucune
On n'a point à l'hymen fait d'opposition.

70. L'officier civil, néanmoins,
Fera remettre en sa puissance,
De chacun des futurs conjoints
L'acte constatant la naissance.
Celui des deux époux qui ne pourrait trouver
Cet acte demandé, pourra le suppléer,
En rapportant, sans négligence,
Acte de notoriété
Qui sera fait et délivré
Par le juge de paix du lieu de sa naissance,
Ou même qui sera donné
Et fait d'une manière utile
Par celui de son domicile.

71. De notoriété toujours le susdit acte
Renfermera, d'une manière exacte,
La déclaration par sept témoins présents,
Le sexe n'y fait rien, parents ou non parents,
Des prénoms, nom, domicile ordinaire,
Profession dudit futur conjoint,
Et de ceux de ses père et mère,
Si l'on est instruit sur ce point;
L'endroit où le futur a reçu l'existence,

avec le juge de paix ; et, s'il en est qui ne puissent ou ne sachent signer, il en sera fait mention.

72. L'acte de notoriété sera présenté au tribunal de première instance du lieu où doit se célébrer le mariage. Le tribunal, après avoir entendu le commissaire du gouvernement, donnera ou refusera son homologation selon qu'il trouvera suffisantes ou insuffisantes les déclarations des témoins., et les causes qui empêchent de rapporter l'acte de naissance.

73. L'acte authentique du consentement des pères et mères ou aïeuls et aïeules, ou, à leur défaut, celui de la famille, contiendra

Et, si faire se peut, le temps de sa naissance,
    Avec les causes empêchant
  De rapporter l'acte la constatant.
    Il faudra que le juge signe,
Avec lesdits témoins, cet acte au même instant.
Si, parmi les témoins, il s'en trouve pourtant
Qui ne puissent signer, il faudra qu'on désigne
    La cause de l'empêchement.

    72. L'acte de notoriété
    Aussitôt sera présenté
Au tribunal jugeant en instance première,
Dans le ressort duquel se trouvera placé
    L'endroit où l'hymen doit se faire.
    Ce tribunal refusera,
    Ou, s'il le veut, accordera,
    Après avoir ouï le commissaire
    Par le gouvernement nommé,
L'homologation à l'acte précité,
    Selon qu'il croira suffisantes,
    Ou bien encore insuffisantes,
Les déclarations faites par les témoins,
Ou les motifs, mettant malgré ses soins
    Le dit époux dans l'impuissance
De rapporter son acte de naissance.

    73. L'acte fait authentiquement,
Contenant le consentement
Des pères, ainsi que des mères,

les prénoms, noms, professions et domiciles
du futur époux, et de tous ceux qui auront concouru à l'acte, ainsi que leur degré
de parenté.

74. Le mariage sera célébré dans la commune où l'un des deux époux aura son
domicile. Ce domicile, quant au mariage,
s'établira par six mois d'habitation continue dans la même commune.

75. Le jour désigné par les parties après
les délais des publications, l'officier de l'état
civil, dans la maison-commune, en présence de quatre témoins, parents ou non
parents, fera lecture aux parties, des pièces ci-dessus mentionnées, relatives à leur
état, et aux formalités du mariage, et du

Ou des grand-mères et grand-pères,
Ou le consentement qu'il faut
Que les autres parents donnent à leur défaut,
Dira les nom, prénoms, domicile valable
Et profession véritable
Du futur époux; et, de plus,
Enonciation semblable
Sera, pour tous individus
Ayant paru dans ledit acte,
Faite d'une manière exacte,
Et leur degré de parenté
Y sera toujours ajouté.

74. Du mariage se fera
La célébration civile,
Dans la commune où l'on saura
Que l'un des deux époux son domicile aura;
Quant à l'hymen, ce domicile
S'établira, d'une manière utile,
Par six mois d'habitation
Dans un endroit, sans interruption.

75. Des publications, après tous les délais,
Le jour que les futurs auront pris tout exprès,
Par l'officier civil, dans la maison-commune,
Devant quatre témoins, parents ou non parents;
Sans interruption aucune,
Lecture sera faite aux futurs contractants,
Des pièces que l'on a plus haut mentionnées

chapitre 6 du titre *du Mariage*, *contenant les droits et les devoirs respectifs des époux*. Il recevra de chaque partie, l'une après l'autre, la déclaration qu'elles veulent se prendre pour mari et femme; il prononcera, au nom de la loi, qu'elles sont unies par le mariage, et il en dressera acte sur-le-champ.

76. On énoncera dans l'acte de mariage :

1°. Les prénoms, noms, professions, âge, lieux de naissance et domiciles des époux ;

2°. S'ils sont majeurs ou mineurs ;

3°. Les prénoms, noms, professions et domiciles des pères et mères ;

Concernant leur état et les formalités,
   Et tous autres points usités
   Pour célébrer les hyménées;
De plus, il leur lira tout le chapitre six
   Pris au titre du mariage,
   Concernant les devoirs précis
Et les droits respectifs des époux en ménage.
   Il recevra, de chaque contractant,
La déclaration, mais successivement,
Que tous les deux veulent, sans plus attendre,
   Comme femme et mari se prendre:
Lors, au nom de la loi, sa voix prononcera
   Qu'ils sont unis par mariage;
   Et, sans différer davantage,
   L'acte d'hymen il dressera.

   76. Tous les actes de mariage
  1.º Enonceront les noms et les prénoms,
   Domiciles, professions,
   Lieux de naissance, ainsi que l'âge
   Des individus qu'hymen joint;

2.º S'ils sont majeurs ou s'ils ne le sont point;

   3.º Des mères ainsi que des pères,
   Les prénoms et de plus les noms,
   Et même leurs professions
   Et domiciles ordinaires;

   I.   5

4°. Les consentement des pères et mères aïeuls et aïeules, et celui de la famille, dans les cas où ils sont requis ;

5°. Les actes respectueux, s'il en a été fait ;

6°. Les publications dans les divers domiciles ;

7°. Les oppositions, s'il y en a eu ; leur main-levée, ou la mention qu'il n'y a point eu d'opposition ;

8°. La déclaration des contractants de se prendre pour époux, et le prononcé de leur union par l'officier public ;

9°. Les prénoms, noms, âge, professions et domiciles des témoins, et leurs déclarations s'ils sont parents ou alliés des parties, de quel côté et à quel degré.

4.º En outre les consentements
Des pères ainsi que des mères,
Des grand-mères et des grand-pères,
Ou bien ceux des autres parents,
Alors qu'ils sont requis et jugés nécessaires;

5.º Tous les actes respectueux,
Au cas qu'on en ait fait, en les jugeant utiles
De l'hymen pour serrer les nœuds;

6.º Les publications aux divers domiciles;

7.º L'on devra faire aussi l'énonciation
Des oppositions qui se seront trouvées;
Mais ensuite il faudra parler des mains-levées,
Ou bien faire la mention
Qu'il n'a paru nulle opposition.

8.º Dans l'énoncé, l'on doit comprendre
La déclaration, pour époux de se prendre,
Et la prononciation,
Par l'officier public, de ladite union;

9.º Toutes formalités enfin seront remplies
Par les prénoms, les noms, âge, professions,
Demeures des témoins et déclarations,
S'ils sont parents ou bien alliés des parties;
Et, dans ce cas, de quel côté,
Et le degré de parenté.

CHAPITRE IV.

Des Actes de décès.

ART. 77. Aucune inhumation ne sera faite sans une autorisation, sur papier libre et sans frais, de l'officier de l'état civil, qui ne pourra la délivrer qu'après s'être transporté auprès de la personne décédée, pour s'assurer du décès, et que vingt-quatre heures après le décès, hors les cas prévus par les règlements de police.

78. L'acte de décès sera dressé par l'officier de l'état civil, sur la déclaration de deux témoins. Ces témoins seront, s'il est possible, les deux plus proches parents ou voisins; ou lorsqu'une personne sera décédée hors de son domicile, la personne chez laquelle elle sera décédée, et un parent ou autre.

CHAPITRE IV.

Des Actes de décès.

77. Ne se fera nulle inhumation
Sans une autorisation,
Sur papier libre et sans dépense
De l'officier civil, qui ne pourra jamais
En faire aucune délivrance,
Qu'après qu'il se sera transporté tout exprès
Chez la personne décédée,
Pour se convaincre du décès,
Et que vingt-quatre heures après
Que la mort sera terminée,
Hors quelques cas inattendus
Que, dans ses règlements, la police a prévus.

78. Sera dressé chaque acte de décès
Par l'officier civil, d'après
La déclaration sincère
Faite par deux témoins présents,
Lesquels seront, tant qu'il pourra se faire,
Les plus proches voisins ou plus proches parents.
S'il arrive que quelqu'un meure
Etant absent de sa demeure,
S'il est possible, en ce cas-là,
La déclaration se donne
Par celui chez lequel décédé l'on sera ;
De plus, par un parent ou toute autre personne.

79. L'acte de décès contiendra les prénoms, nom, âge, professsion et domicile de la personne décédée ; les prénoms et nom de l'autre époux, si la personne décédée était mariée ou veuve ; les prénoms, noms, âge, professions et domiciles des déclarants; et s'ils sont parents, leur degré de parenté.

Le même acte contiendra de plus, autant qu'on pourra le savoir, les prénoms, noms, profession et domicile des père et mère du décédé, et le lieu de sa naissance.

80. En cas de décès dans les hôpitaux militaires, civils ou autres maisons publiques, les supérieurs, directeurs, administrateurs et maîtres de ces maisons, seront tenus d'en donner avis, dans les vingt-quatre heures, à l'officier de l'état civil, qui s'y transportera pour s'assurer du décès, et en dressera l'acte, conformément à l'ar-

79. En tout temps l'acte mortuaire
Contiendra du défunt les prénoms et le nom,
 Son domicile et la profession
 Qu'il exerçait pour l'ordinaire ;
De l'autre époux le nom, avec chaque prénom ;
 Si la personne décédée
 Etait ou veuve ou mariée ;
 Les prénoms, noms des déclarants,
Age, profession ; de plus, le domicile
De chacun d'eux ; et lorsqu'ils sont parents,
 Il devient en ce cas utile
 Que leur degré de parenté
Soit ajouté d'une manière exacte.
On marquera de plus dans le même acte,
De le savoir autant qu'on aura faculté,
 Dudit défunt le lieu de la naissance,
 Les noms avec chaque prénom,
 Domicile et profession
Des père et mère auxquels il a dû l'existence.

80. Lorsqu'un individu meurt dans les hôpitaux
Destinés aux guerriers de notre république,
 Ou bien dans de civils dépôts
 De destination publique,
 Desdits dépôts les administrateurs,
 Supérieurs, maîtres et directeurs,
 Sont obligés d'en donner connaissance
 Dans les vingt-quatre heures pourtant,

ticle précédent, sur les déclarations qui lui auront été faites, et sur les renseignements qu'il aura pris,

Il sera tenu en outre, dans lesdits hôpitaux et maisons, des registres destinés à inscrire ces déclarations et ces renseignements.

L'officier de l'état civil enverra l'acte de décès à celui du dernier domicile de la personne décédée, qui l'inscrira sur les registres.

81. Lorsqu'il y aura des signes ou indices de mort violente, ou d'autres circonstances qui donneront lieu de le soupçonner, on ne pourra faire l'inhumation qu'après qu'un officier de police, assisté d'un docteur en médecine ou en chirurgie, aura dressé procès-verbal de l'état du cadavre, et des cir-

A l'officier civil, qui lui-même s'y rend
 Pour s'assurer du fait que l'on avance,
Et qui dresse aussitôt l'acte, conformément
 A ce que dit l'article précédent,
  Sur les faits qu'on lui fait entendre,
Et les renseignemens que lui-même a pu prendre.

  Seront tenus, dans ces mêmes maisons,
Et dans ces hôpitaux, registres pour inscrire
   Lesdites déclarations
   Et renseignements qu'on retire.

   De l'état civil l'officier
   Enverra l'acte mortuaire
A l'officier ayant semblable ministère,
  Dans le domicile dernier
  De la personne décédée,
  Lequel ne doit pas oublier
  Que, de cette pièce envoyée,
  Sur les registres en entier
 L'inscription doit être terminée.

  81. Toutes les fois qu'il se présente
  Indices de mort violente,
 Ou des circonstances pouvant
  Servir au soupçon qui commence,
  En pareil cas, de fondement,
  On ne pourra faire l'enterrement
Qu'après qu'un officier de police, en présence

constances y relatives, ainsi que des renseignements qu'il aura pu recueillir sur
les prénoms, nom, âge, profession, lieu
de naissance et domicile de la personne décédée.

82. L'officier de police sera tenu de transmettre de suite à l'officier de l'état civil du
lieu où la personne sera décédée, tous les
renseignements énoncés dans son procès-
verbal , d'après lesquels l'acte de décès
sera rédigé.

L'officier de l'état civil en enverra une
expédition à celui du domicile de la personne décédée, s'il est connu : cette expédition sera inscrite sur les registres.

D'un docteur médecin ou bien chirurgien,
De l'état du cadavre aura, sans négligence,
Dressé procès-verbal énonçant au soutien
Tous les faits relatifs à cette circonstance.
Dans ce procès-verbal seront de même écrits
 Les renseignements recueillis
 Sur l'âge, le lieu de naissance,
 Sur les prénoms et sur le nom,
 Domicile et profession
Dudit individu privé de l'existence.

 82. L'officier de police doit
 Transmettre en toute diligence,
A l'officier civil exerçant dans l'endroit
 Où le défunt a perdu l'existence,
 Les renseignements recueillis,
 Dans son procès-verbal inscrits,
 D'après lesquels on devra faire
 Et dresser l'acte mortuaire.
 De l'état civil l'officier
 Sera tenu d'en envoyer
 Une expédition valable
A l'officier civil, alors institué,
 Auprès duquel se trouvera placé
 Le domicile véritable
 De l'individu décédé,
 Si toutefois il n'est pas ignoré,
 Et sur les registres, de suite,
Cette expédition sera dès-lors inscrite.

83. Les greffiers criminels seront tenus d'envoyer, dans les vingt-quatre heures de l'exécution des jugemens portant peine de mort, à l'officier de l'état civil du lieu où le condamné aura été exécuté, tous les renseignemens énoncés en l'article 79, d'après lesquels l'acte de décès sera rédigé.

84. En cas de décès dans les prisons ou maisons de réclusion et de détention, il en sera donné avis sur-le-champ, par les concierges ou gardiens, à l'officier de l'état civil, qui s'y transportera, comme il est dit en l'article 80, et rédigera l'acte de décès.

85. Dans tous les cas de mort violente, ou dans les prisons ou maisons de réclusion, ou d'exécution à mort, il ne sera

83. Dans les vingt-quatre heures, au plus,
    De l'exécution certaine
Des jugements qui de mort portent peine,
Les greffiers criminels seront toujours tenus
    D'envoyer, en cette occurrence,
A l'officier civil qui se trouve placé
    Dans l'endroit où le condamné
  Aura subi l'effet de sa sentence,
    Tous les divers renseignements,
    Et tous les faits et documents
    Notés d'une manière exacte
    En l'article déja tracé,
Que soixante-dix-neuf on a numéroté,
Sur lesquels du décès sera rédigé l'acte.

84. Si quelqu'individu meurt dans une prison
    Ou maison de réclusion
Et de détention, en cette circonstance,
Il en sera donné sur-le-champ connaissance,
    Par le concierge ou gardien
    Des susdits lieux où l'on détient,
A l'officier civil qui s'y rendra lui-même,
    Ainsi qu'on le voit énoncé
    Dans l'article quatre-vingtième,
Et par lui, du décès, l'acte sera dressé.

85. Lorsqu'un individu meurt dans une prison
    Ou maison de réclusion,
    Ou quand, d'une mort violente,

fait sur les registres aucune mention de
ces circontances, et les actes de décès seront simplement rédigés dans les formes
prescrites par l'article 79.

86. En cas de décès pendant un voyage
de mer, il en sera dressé acte, dans les
vingt-quatre heures, en présence de deux
témoins pris parmi les officiers du bâtiment,
ou, à leur défaut, parmi les hommes de
l'équipage : cet acte sera rédigé, savoir ;
sur les bâtiments de l'état, par l'officier
d'administration de la marine ; et sur les
bâtiments appartenant à un négociant ou
armateur, par le capitaine, maître ou patron du navire. L'acte de décès sera inscrit
à la suite du rôle de l'équipage.

Quelqu'un succombe et périt sous l'effort,
   Ou lorsque le cas se présente
   D'une exécution à mort,
Le susdit officier, en aucune manière,
   Sur les registres ne peut faire
   Mention de ces divers faits ;
   Au contraire, il faut qu'il rédige
   Simplement l'acte de décès,
   En suivant les formes qu'exige
   L'article déja précité,
Que soixante-dix-neuf on a numéroté.

   86. Quand sur la mer voyage se fera,
Et qu'un individu finira sa carrière,
   Dans les vingt-quatre heures sera
   Dressé son acte mortuaire,
   Devant deux témoins qu'on prendra
   Parmi ceux qui, dans ce voyage,
   Seront les chefs du bâtiment,
   Ou qu'à leur défaut promptement
  On choisira, pour rendre témoignage,
   Chez les hommes de l'équipage.
   De l'état sur tout bâtiment,
D'administration l'officier seul doit faire
   Et rédiger cet acte nécessaire ;
   Mais, semblable cas arrivant,
   Cette rédaction doit être
Faite par le patron, le capitaine ou maître,

87. Au premier port où le bâtiment abordera, soit de relâche, soit pour toute autre cause que celle de son désarmement, les officiers de l'administration de la marine, capitaine, maître ou patron, qui auront rédigé des actes de décès, seront tenus d'en déposer deux expéditions, conformément à l'article 60.

A l'arrivée du bâtiment dans le port du désarmement, le rôle d'équipage sera déposé au bureau du préposé à l'inscription maritime; il enverra une expédition de l'acte de décès, de lui signée, à l'officier de l'état civil du domicile de la personne décédée : cette expédition sera inscrite de suite sur les registres.

A bord des divers bâtiments
D'armateurs ou négociants.
L'acte de décès doit, dans le cours du voyage ,
Etre inscrit à la suite au rôle d'équipage.

  87. Au premier port où chaque bâtiment
     Abordera , soit de relâche ,
     Soit pour toute autre cause et tâche
     Que celle du désarmement ,
  Les officiers ayant pour l'ordinaire
     La maritime administration ,
      Capitaine, maitre ou patron,
     Qui de quelque acte mortuaire
     Auront eu la rédaction,
     Feront le dépôt nécessaire
     D'une double expédition ;
     Le tout en agissant de même
Qu'il est prescrit article soixantième.

     Lorsque viendra le bâtiment
     Dans le port du désarmement ,
     Alors le rôle d'équipage
     Aussitôt sera déposé
     Dans le bureau du préposé,
Chargé de faire, ainsi qu'il est d'usage,
     La maritime inscription ;
     Du susdit acte mortuaire
Il enverra de suite une expédition
  De lui signée, en cette occasion,

CHAPITRE V.

Des Actes de l'état civil concernant les militaires hors du territoire de la république.

ART. 88. Les actes de l'état civil faits hors du territoire de la république, concernant des militaires ou autres personnes employées à la suite des armées, seront rédigés dans les formes prescrites par les dispositions précédentes, sauf les exceptions contenues dans les articles suivants.

89. Le quatier-maître dans chaque corps d'un ou plusieurs bataillons ou escadrons, et le capitaine-commandant dans les autres corps, rempliront les fonctions d'officiers de l'état civil : ces mêmes fonctions seront remplies, pour les officiers sans troupes et pour les employés de l'armée, par l'inspec-

À l'officier civil des bourg, village, ville,
Ou de tout autre endroit où l'on reconnaitra
  Que le défunt avait son domicile.
    Cette expédition sera,
    Par ledit officier, de suite,
    Dessus les registres inscrite.

CHAPITRE V.

Des Actes de l'état civil concernant les militaires hors du territoire de la république.

    88. De l'état civil actes faits
    Hors du territoire français,
    Concernant quelque militaire
Ou d'autres employés à la suite des camps,
  Seront dressés dans la forme ordinaire
    Dite aux articles précédents,
Sauf les exceptions des articles suivants.

    89. Le militaire quartier-maître
    Dans chaque corps que l'on sait être
    D'un ou de plusieurs bataillons,
    Ou d'un ou plusieurs escadrons,
    Ou le commandant capitaine
    Dans les autres corps, rempliront
    Les emplois qui concerneront

teur aux revues attaché à l'armée ou au corps d'armée,

90. Il sera tenu, dans chaque corps de troupes, un registre pour les actes de l'état civil relatifs aux individus de ce corps, et un autre, à l'état-major de l'armée, ou d'un corps d'armée, pour les actes civils relatifs aux officiers sans troupes et aux employés : ces registres seront conservés de la même manière que les autres registres des corps et états-majors, et déposés aux archives de la guerre, à la rentrée des corps ou armées sur le territoire de la république,

91. Les registres seront cotés et paraphés, dans chaque corps, par l'officier qui le com-

De l'état civil le domaine :
Ces mêmes fonctions seront
Très-exactement dévolues,
Pour les officiers sans soldats,
Et pour les employés de l'armée, en tout cas,
A l'inspecteur nommé pour les revues,
Qui se trouve exercer alors
A l'armée ou d'armée au corps.

90. Dans chaque corps, il sera nécessaire
Qu'on tienne un registre, en tout temps,
D'état civil pour les actes à faire
Concernant de ce corps les membres différents.
A l'état-major de l'armée,
Ou d'un corps d'armée, on tiendra
Pareil registre où l'on mettra,
Dans la manière accoutumée,
Tous les actes civils concernant, en tout cas,
Les employés et les chefs sans soldats.
Des registres susdits il faut que l'on se serve,
Et que toujours on les conserve
Comme autres registres des corps,
Ainsi que des états-majors ;
Et quand les corps ou quelque armée entière
Rentrent en France, il faut alors
Que le dépôt des registres s'opère
Dans les archives de la guerre.

91. Les registres seront cotés
Dans chaque corps, et paraphés

mande; et, à l'état-major, par le chef de l'état-major général.

92. Les déclarations de naissance à l'armée seront faites dans les dix jours qui suivront l'accouchement.

93. L'officier chargé de la tenue du registre de l'état civil, devra, dans les dix jours qui suivront l'inscription d'un acte de naissance audit registre, en adresser un extrait à l'officier de l'état civil du dernier domicile du père de l'enfant, ou de la mère, si le père est inconnu.

94. Les publications de mariage des militaires et employés à la suite des armées, seront faites au lieu de leur dernier domicile : elles seront mises, en outre, vingt-cinq jours avant la célébration du mariage, à l'ordre du jour du corps, pour les individus qui tiennent à un corps ; et à celui de l'armée ou du corps d'armée, pour les

Par l'officier commandant ordinaire ;
Mais à l'état-major, il sera nécessaire
   Qu'ils le soient par le chef légal
   De l'état-major général.

92. A l'armée un enfant reçoit-il l'existence ?
La déclaration constatant sa naissance
   Doit être faite expressément
   Dans les dix jours après l'accouchement.

93. Tout officier chargé de la rédaction
Du registre civil, devra, sans négligence,
  Dans les dix jours après l'inscription
Au registre susdit, d'un acte de naissance,
En adresser extrait, fait authentiquement,
A l'officier civil du dernier domicile
   Du père du nouvel enfant,
   Ou de la mère, en supposant
Qu'on ne connaisse point le père et son asyle.

   94. Le mariage d'un guerrier
   Et d'une personne employée
   A la suite de quelque armée,
   Devra toujours se publier
   Dans son domicile dernier ;
  Mais vingt-cinq jours avant qu'on se marie,
La publication de l'hymen qu'on envie
Sera pour les guerriers qui serviront alors,
   Et qui d'un corps feront partie,

officiers sans troupes, et pour les employés qui en font partie.

95. Immédiatement après l'inscription sur le registre, de l'acte de célébration du mariage, l'officier chargé de la tenue du registre en enverra une expédition à l'officier de l'état civil du dernier domicile des époux.

96. Les actes de décès seront dressés, dans chaque corps, par le quartier-maître; et pour les officiers sans troupes et les employés, par l'inspecteur aux revues de l'armée, sur l'attestation de trois témoins; et l'extrait de ces registres sera envoyé, dans les dix jours, à l'officier de l'état civil du dernier domicile du décédé.

Mise à l'ordre du jour du corps ;
Elle sera mise et placée
A l'ordre du jour de l'armée
Ou du corps d'armée, en tout cas,
Pour toute personne employée,
Et pour les officiers qui n'ont point de soldats.

95. Immédiatement après l'inscription
Sur le registre terminée,
De l'acte constatant la célébration
Faite du susdit hyménée,
L'officier, ayant fonction
De tenir ce registre utile,
Enverra dudit acte une expédition
A l'officier civil du dernier domicile
Des deux époux en question.

96. Les actes de mort doivent être,
Dans chaque corps, faits par le quartier-maître ;
Mais quant aux employés et quant aux officiers
Qui n'ont ni troupes ni guerriers,
Ces fonctions sont dévolues
A l'inspecteur nommé pour les revues,
Qui doit dresser ces actes, néanmoins,
Sur l'attestation prise de trois témoins.
Dans les dix jours, il est utile
Que du registre extrait soit adressé
A l'officier civil du dernier domicile
De l'individu trépassé.

I. 6

97. En cas de décès dans les hôpitaux militaires ambulants ou sédentaires, l'acte en sera rédigé par le directeur desdits hôpitaux, et envoyé au quartier-maître du corps, ou à l'inspecteur aux revues de l'armée ou du corps d'armée dont le décédé faisait partie : ces officiers en feront parvenir une expédition à l'officier de l'état civil du dernier domicile du décédé.

98. L'officier de l'état civil du domicile des parties, auquel il aura été envoyé de l'armée expédition d'un acte de l'état civil, sera tenu de l'inscrire de suite sur les registres.

97. Dans les hôpitaux militaires,
Soit ambulants, soit sédentaires,
En cas de mort, l'acte en est rédigé
Par chaque directeur, qui, de plus, est chargé
De l'envoyer et le transmettre
Au guerrier qui du corps est alors quartier-maître,
Ou bien à l'inspecteur dont on a ci-devant
Vu la fonction exprimée,
Qui se trouve à l'armée ou bien au corps d'armée
Dont le défunt faisait partie auparavant.
Ces officiers sauront qu'il est utile
D'en faire parvenir une expédition
A l'officier civil du dernier domicile
Du décédé dont il est question.

98. Tout officier civil près duquel les parties
Ont leurs demeures établies,
Qui de l'armée aura reçu
L'expédition de quelque acte
Propre à l'état civil, sera toujours tenu
D'en faire alors, d'une manière exacte,
L'immédiate inscription
Sur tout registre étant en sa possession.

CHAPITRE VI.

De la Rectification des Actes de l'état civil.

ART. 99. Lorsque la rectification d'un acte de l'état civil sera demandée, il y sera statué, sauf l'appel, par le tribunal compétent, et sur les conclusions du commissaire du gouvernement : les parties intéressées seront appelées, s'il y a lieu.

100. Le jugement de rectification ne pourra, dans aucun temps, être opposé aux parties intéressées qui ne l'auraient point requis, ou qui n'y auraient pas été appelées.

101. Les jugements de rectification seront inscrits sur les registres par l'officier de l'état civil, aussitôt qu'ils lui auront été remis, et mention en sera faite en marge de l'acte réformé.

CHAPITRE VI.

De la Rectification des Actes de l'état civil.

99. Quand de l'état civil, on voudra que quelque acte
   Soit rétabli d'une manière exacte,
Sur ce fait il sera statué constamment,
    Sauf l'appel que l'on pourra faire,
    Par le tribunal compétent,
    Sur les conclusions pourtant
    Que donnera le commissaire
    Nommé par le gouvernement,
    Les personnes intéressées,
    S'il le faut, seront appelées.

100. Le jugement portant rectification
Ne peut être opposé, dans nulle occasion,
    Aux personnes intéressées
Qui n'en auraient point fait la réquisition,
    Ou qu'on n'aurait pas appelées.

101. Des jugements portant rectification,
    Il sera fait inscription,
Par l'officier civil, en toute diligence,
    Sur ses registres, au moment
Où lesdits jugements seront en sa puissance;
    De plus, de chaque jugement
    Il sera mention en forme,
Sur la marge, à côté de l'acte qu'on réforme.

TITRE TROISIÈME.

Du Domicile.

Décrété le 23 ventôse an 11, promulgué le 3 germinal suivant.

Aʀᴛ. 102. Le domicile de tout Français, quant à l'exercice de ses droits civils, est au lieu où il a son principal établissement.

103. Le changement de domicile s'opérera par le fait d'une habitation réelle dans un autre lieu, joint à l'intention d'y fixer son principal établissement.

104. La preuve de l'intention résultera d'une déclaration expresse, faite tant à la municipalité du lieu qu'on quittera, qu'à celle du lieu où on aura transféré son domicile.

TITRE TROISIÈME.

Du Domicile.

Décrété le 23 ventose an 11, promulgué le 5 germinal
suivant.

102. Des droits civils pour l'exercice utile,
  De tout Français le domicile
Est dans l'endroit où se tient constamment
  Son plus fort établissement.

  103. Le changement de domicile
  S'opère toujours par le fait
  De la résidence qu'on fait
Réellement dans un tout autre asyle,
Joint à l'intention d'y fixer constamment
  Son plus fort établissement.

  104. La preuve de l'intention
  Sera la déclaration
  Que, dans ce cas, il faudra faire
D'une manière expresse et claire
  A la municipalité,
  Tant à celle du lieu quitté
  Qu'à celle du nouvel asyle
Où l'on aura fixé son domicile.

105. A défaut de déclaration expresse, la preuve de l'intention dépendra des circonstances.

106. Le citoyen appelé à une fonction publique temporaire ou révocable, conservera le domicile qu'il avait auparavant, s'il n'a pas manifesté d'intention contraire.

107. L'acceptation de fonctions conférées à vie emportera translation immédiate du domicile du fonctionnaire dans le lieu où il doit exercer ses fonctions.

108. La femme mariée n'a point d'autre domicile que celui de son mari. Le mineur non émancipé aura son domicile chez ses père et mère ou tuteur. Le majeur interdit aura le sien chez son curateur.

109. Les majeurs qui servent ou travaillent habituellement chez autrui, auront

105. Mais à défaut de déclaration
Qui soit expresse et positive,
La preuve de l'intention
De chaque circonstance en pareil cas dérive.

106. Le citoyen choisi pour quelque fonction
Qui soit publique et temporaire,
Ou bien sujète à révocation,
Fera la conservation
De son domicile ordinaire,
Tel qu'il était avant sa nomination,
S'il n'a pas laissé voir d'intention contraire.

107. De fonctions à vie une acceptation
Emporte la translation,
Au même instant, du domicile
Du fonctionnaire en l'endroit
Où ce même citoyen doit
Exercer son emploi d'une manière utile.

108. Chez son mari, la femme mariée
Est toujours domiciliée;
Le mineur non émancipé
A son domicile fixé,
En tout temps, chez ses père et mère,
Ou bien encor chez son tuteur.
Le majeur interdit devra dans chaque affaire
Avoir celui propre à son curateur.

109. Chez autrui les majeurs servant
Ou travaillant habituellement,

le même domicile que la personne qu'ils servent ou chez laquelle ils travaillent, lorsqu'ils demeureront avec elle dans la même maison.

110. Le lieu où la succession s'ouvrira, sera déterminé par le domicile.

111. Lorsqu'un acte contiendra, de la part des parties ou de l'une d'elles, élection de domicile pour l'exécution de ce même acte, dans un autre lieu que celui du domicile réel, les significations, demandes et poursuites relatives à cet acte, pourront être faites au domicile convenu, devant le juge de ce domicile.

Auront le même domicile
Que ceux qu'alors ils serviront,
Ou chez lesquels leurs travaux ils feront,
Quand sous le même toit, et dans le même asyle,
Avec eux ils demeureront.

110. Le domicile apprend, d'une manière sûre,
D'une succession le lieu de l'ouverture.

111. Lorsque les contractants ou l'un d'eux seulement,
Dans un acte les concernant,
De domicile font élection exacte,
Pour l'exécution de l'acte,
Dans un autre lieu que celui
Où leur vrai domicile est alors établi,
En semblable cas, on peut faire
Toutes significations,
Demandes, assignations,
Au domicile élu pour assurer l'affaire,
Et devant le juge connu
Du domicile convenu.

TITRE QUATRIÈME.

Des Absents.

Décrété le 24 ventose an 11, promulgué le 4 germinal suivant.

CHAPITRE PREMIER.

De la Présomption d'Absence.

ART. 112. S'il y a nécessité de pourvoir à l'administration de tout ou partie des biens laissés par une personne présumée absente, et qui n'a point de procureur fondé, il y sera statué par le tribunal de première instance, sur la demande des parties intéressées.

113. Le tribunal, à la requête de la partie la plus diligente, commettra un notaire pour représenter les présumés absents, dans les inventaires, comptes, partages

TITRE QUATRIÈME.

Des Absents.

Décrété le 24 ventose an 11, promulgué le 4 germinal suivant.

CHAPITRE PREMIER.

De la présomption d'Absence.

112. Lorsque quelqu'un est absent présumé,
Et qu'il n'a point de procureur fondé,
 S'il est alors besoin de faire
 Administrer la masse entière
Ou portion des biens par lui laissés,
 Sur la demande nécessaire
 Faite par les intéressés,
Le tribunal jugeant en instance première
 Statuera seul sur cette affaire.

113. Sur la requête qu'a fournie
 La plus diligente partie,
Le tribunal doit commettre et nommer
 Notaire pour représenter

1.   7

et liquidations dans lesquels ils seront intéressés.

114. Le ministère public est spécialement chargé de veiller aux intérêts des personnes présumées absentes; et il sera entendu sur toutes les demandes qui les concernent.

CHAPITRE II.

De la Déclaration d'absence.

ART. 115. Lorsqu'une personne aura
cessé de paraître au lieu de son domicile
ou de sa résidence, et que depuis quatre
ans on n'en aura point eu de nouvelles,
les parties intéressées pourront se pourvoir
devant le tribunal de première instance,
afin que l'absence soit déclarée.

116. Pour constater l'absence, le tribunal, d'après les pièces et documents pro-

Les présumés absents dans tout compte, inventaire
   Et liquidation à faire,
   Où lesdits absents présumés
   Se trouveront intéressés.

114. Le public ministère est spécialement
   Chargé de soigner et de prendre
L'intérêt de celui que l'on présume absent ;
   C'est pourquoi l'on devra l'entendre
   Sur les demandes concernant
   Les absents qu'il doit tous défendre.

CHAPITRE II.

De la Déclaration d'absence.

115. Lorsque quelqu'un aura cessé
De paraître à l'endroit où se trouvait placé
   Son domicile ou bien sa résidence,
Et que l'on n'aura point reçu depuis quatre ans
   Nouvelles ni renseignements
   De cet absent sur l'existence,
Tous les intéressés auront alors pouvoir
   Et faculté de se pourvoir
Devant le tribunal dit de première instance
   Pour faire déclarer l'absence.

116. D'après les documents produits
   Et les divers papiers fournis,

duits, ordonnera qu'une enquête soit faite contradictoirement avec le commissaire du gouvernement, dans l'arrondissement du domicile, et dans celui de la résidence, s'ils sont distincts l'un de l'autre.

117. Le tribunal, en statuant sur la demande, aura d'ailleurs égard aux motifs de l'absence, et aux causes qui ont pu empêcher d'avoir des nouvelles de l'individu présumé absent.

118. Le commissaire du gouvernement enverra, aussitôt qu'ils seront rendus, les jugements, tant préparatoires que définitifs, au grand-juge ministre de la justice, qui les rendra publics.

119. Le jugement de déclaration d'ab-

Le tribunal ordonne qu'une enquête,
 Avec le commissaire étant
 Nommé par le gouvernement,
 Contradictoirement soit faite
 Dans les deux arrondissements
Du domicile et de la résidence,
 S'ils sont distincts et différents,
 Afin de constater l'absence.

117. Le tribunal qui statuera
 Sur la demande qu'on fera,
 Aura d'ailleurs, dans sa prudence,
 Egard aux motifs de l'absence ;
 Et, de plus, il devra peser
 Toutes les causes qui sont telles
 Qu'elles auraient pu s'opposer
 A ce que l'on eût des nouvelles
 Ou bien quelque renseignement
 Sur celui qu'on présume absent.

118. Exactement le commissaire
 Du gouvernement devra faire
L'envoi des jugements, dès qu'ils seront rendus,
Tant ceux définitifs que ceux préparatoires,
Au grand-juge, lequel les rendra tous notoires
 Dès qu'il seront par lui reçus.

119. On ne rendra le jugement
 Déclarant l'absence parfaite,

sence ne sera rendu qu'un an après le jugement qui aura ordonné l'enquête.

CHAPITRE III.

Des Effets de l'absence.

SECTION PREMIÈRE.

Des Effets de l'absence, relativement aux biens que l'absent possédait au jour de sa disparition.

ART. 120. Dans les cas où l'absent n'aurait point laissé de procuration pour l'administration de ses biens, ses héritiers présomptifs au jour de sa disparition ou de ses dernières nouvelles, pourront, en vertu du jugement définitif qui aura déclaré l'absence, se faire envoyer en possession provisoire des biens qui appartenaient à l'absent au jour de son départ ou de ses dernières nouvelles, à la charge de donner caution pour la sûreté de leur administration.

Qu'un an après celui portant
Ordonnance de faire enquête.

CHAPITRE III.

Des Effets de l'absence.

SECTION PREMIÈRE.

Des Effets de l'absence, relativement aux biens que l'absent possédait au jour de sa disparition.

120. Alors que l'absent n'a laisse
Autorisation aucune,
Et que personne il n'a chargé
Du soin de gérer sa fortune,
Tous ceux qui se trouvaient héritiers présomptifs
Lorsqu'il a cessé de paraître,
Ou qu'il a cessé de transmettre
Renseignements sur son compte instructifs,
Peuvent se faire en diligence
Par le moyen du jugement
Portant définitivement
La déclaration d'absence ;
Envoyer en possession,
Mais seulement provisoire et précaire,
Des biens dont cet absent était propriétaire
Lors de sa disparition,

121. Si l'absent a laissé une procuration, ses héritiers présomptifs ne pourront poursuivre la déclaration d'absence et l'envoi en possession provisoire, qu'après dix années révolues depuis sa disparition ou depuis ses dernières nouvelles.

122. Il en sera de même si la procuration vient à cesser : et, dans ce cas, il sera pourvu à l'administration des biens de l'absent, comme il est dit au chapitre premier du présent titre.

123. Lorsque les héritiers présomptifs auront obtenu l'envoi en possesion provi-

Ou lors de la cessation
Des nouvelles qui pouvaient faire
Connaître sa position,
A la charge, par eux, de donner caution
En semblable cas nécessaire,
Pour assurer leur gestion.

121. De l'absent aucun héritier
Ne pourra se faire envoyer
En possession provisoire,
Et de son absence notoire
Requérir déclaration,
Si l'absent a laissé sa procuration,
Si ce n'est lorsque dix années
Seront tout-à-fait terminées
Depuis sa disparition,
Ou depuis la cessation
Des nouvelles faisant connaître
Où ledit absent pouvait être.

122. Toujours de même il en sera
Lorsque le mandat cessera,
Et dès-lors il faudra de suite
Que les biens de l'absent on fasse administrer
D'après la manière prescrite
Du présent titre au chapitre premier.

123. Quand de l'absent chaque héritier
Se sera fait nommément envoyer

soire, le testament, s'il en existe un, sera
ouvert à la réquisition des parties intéressées, ou du commissaire du gouvernement
près le tribunal ; et les légataires, les donataires, ainsi que tous ceux qui avaient
sur les biens de l'absent des droits subor-
donnés à la condition de son décès, pourront les exercer provisoirement, à la charge
de donner caution.

124. L'époux commun en biens, s'il opte
pour la continuation de la communauté,
pourra empêcher l'envoi provisoire et
l'exercice provisoire de tous les droits su-
bordonnés à la condition du décès de l'absent, et prendre ou conserver par préférence l'administration des biens de l'absent:
si l'époux demande la dissolution provisoire de la communauté, il exercera ses
reprises et tous ses droits légaux et conven-

En la possession provisoire et précaire,
 L'acte de volonté dernière,
 S'il s'en trouve un, ouvert sera
 En la manière accoutumée,
 Sur la requête que fera
 Chaque partie intéressée
 Ou le commissaire séant
Auprès du tribunal pour le gouvernement,
 Et sur-le-champ les légataires,
 Tous ceux qui seront donataires,
 Ainsi que ceux qui possédaient
Sur les biens de l'absent des droits qui dépendaient
Du cas où cet absent finirait sa carrière,
D'exercer lesdits droits auront permission,
Mais provisoirement, et, de plus, pour ce faire,
Ils seront obligés de donner caution.

124. L'époux commun en biens, qui ne desire pas
Que la communauté soit dissoute et rompue,
 Mais qui veut qu'elle continue,
 Aura faculté, dans ce cas,
 D'empêcher que l'on ne s'immisce
 Dans le provisoire exercice
 De tous les droits qui sont sujets
 A l'événement du décès
De celui dont l'absence est connue et notoire,
Il pourra s'opposer à l'envoi provisoire,
 Et, de plus, prendre ou conserver,

tionnels, à la charge de donner caution pour les choses susceptibles de restitution,

La femme, en optant pour la continuation de la communauté, conservera le droit d'y renoncer ensuite.

125. La possession provisoire ne sera qu'un dépôt qui donnera à ceux qui l'obtiendront l'administration des biens de l'absent, et qui les rendra comptables envers lui, en cas qu'il reparaisse ou qu'on ait de ses nouvelles.

126. Ceux qui auront obtenu l'envoi provisoire, ou l'époux qui aura opté pour la

Par préférence à tous, le droit d'administrer
Les biens dont cet absent était propriétaire ;
    Mais si le conjoint, au contraire,
    Requiert que la communauté
    Soit provisoirement dissoute,
  Ledit époux aura la faculté
    D'exercer alors sans nul doute
    Ses reprises et tous ses droits,
Soit conventionnels, soit résultant des lois,
  Mais, en ce cas, il faudra qu'il présente,
Pour les objets sujets à restitution,
    Caution bonne et suffisante.

    La femme, en faisant option
    Pour la continuation
    De la communauté susdite,
Conservera le droit d'y renoncer ensuite.

    125. La possession provisoire
  N'est qu'un dépôt donnant un droit notoire
A ceux qui l'obtiendront, de régir constamment
Tous les biens qui seront délaissés par l'absent ;
    Et la possession susdite
Les oblige à compter à cet individu,
    S'il se remontre par la suite,
Ou bien si l'on apprend ce qu'il est devenu.

126. Ceux qui se seront fait mettre en possession,
  Par un envoi provisoire et précaire,

continuation de la communauté, devront faire procéder à l'inventaire du mobilier et des titres de l'absent, en présence du commissaire du gouvernement près le tribunal de première instance, ou d'un juge de paix requis par ledit commissaire.

Le tribunal ordonnera, s'il y a lieu, de vendre tout ou partie du mobilier. Dans le cas de vente, il sera fait emploi du prix, ainsi que des fruits échus.

Ceux qui auront obtenu l'envoi provisoire, pourront requérir, pour leur sûreté, qu'il soit procédé, par un expert nommé par le tribunal, à la visite des immeubles, à l'effet d'en constater l'état. Son rapport sera homologué en présence du commissaire du gouvernement; les frais en seront pris sur les biens de l'absent.

Ou le conjoint ayant fait option
   Pour la continuation
De la communauté, devront aussitôt faire
   Constater, par un inventaire,
  Le mobilier, les titres de l'absent,
   En la présence nécessaire
Du commissaire élu par le gouvernement
   Auprès du tribunal jugeant
   Toujours en instance première,
Ou d'un juge de paix qui, dans ce cas, sera
   Requis par ledit commissaire.

   Le tribunal ordonnera,
S'il le faut, que l'on vende ou tout ou bien partie
  Du mobilier que l'absent laissera,
  Et, cette vente une fois accomplie,
   Il sera fait emploi du prix,
   De même que de tous les fruits
Dont l'échéance alors sera finie.

   Ceux auxquels on aura donné
   L'envoi provisoire et précaire,
   Pourront tous, pour leur sûreté,
   Requérir qu'il soit procédé,
   Par un expert qu'en cette affaire
   Le tribunal aura nommé,
   Des immeubles à la visite,
   Et par ledit expert, de suite,

127. Ceux qui , par suite de l'envoi provisoire ou de l'administration légale, auront joui des biens de l'absent, ne seront tenus de lui rendre que le cinquième des revenus, s'il reparaît avant quinze ans révolus depuis le jour de sa disparition ; et le dixième, s'il ne reparaît qu'après les quinze ans.

Après trente ans d'absence, la totalité des revenus leur appartiendra.

128. Tous ceux qui ne jouiront qu'en vertu de l'envoi provisoire , ne pourront aliéner ni hypothéquer les immeubles de l'absent.

129. Si l'absence a continué pendant trente ans depuis l'envoi provisoire, ou

Leur état sera constaté ;
De plus, il sera nécessaire
Que ce rapport se trouve homologué
En présence du commissaire
Nommé par le gouvernement :
Les frais en seront pris sur les biens de l'absent.

127. Ceux qui, par une conséquence
De l'envoi provisoire ou de la gestion
Légalement donnée, auront la jouissance
Des biens qu'avait l'absent en sa possession,
Ne seront tenus de lui rendre
Qu'un cinquième des revenus,
S'il reparait, sans plus attendre,
Avant quinze ans finis et révolus,
Depuis le jour que l'on sait être
Celui de son départ constant ;
Et le dixième seulement
Après quinze ans, s'il vient à reparaître.

D'absence après trente ans finis et révolus,
Ils auront droit à tous les revenus.

128. Des biens dudit absent ceux qui ne jouiront
Qu'en vertu de l'envoi provisoire et précaire,
Les aliéner ne pourront
Ni les hypothéquer, lorsque ces biens seront
De nature immobiliaire.

129. Lorsque l'absence sera telle
Que trente ans elle aura duré

depuis l'époque à laquelle l'époux commun aura pris l'administration des biens de l'absent, ou s'il s'est écoulé cent ans révolus depuis la naissance de l'absent, les cautions seront déchargées; tous les ayant-droit pourront demander le partage des biens de l'absent, et faire prononcer l'envoi en possession définitif par le tribunal de première instance.

130. La succession de l'absent sera ouverte du jour de son décès prouvé, au profit des héritiers les plus proches à cette époque; et ceux qui auraient joui des biens de l'absent, seront tenus de les restituer, sous la réserve des fruits par eux acquis en vertu de l'article 127.

131. Si l'absent reparaît, ou si son existence est prouvée pendant l'envoi provi-

Depuis l'envoi provisoire accordé,
 Ou depuis l'époque à laquelle
L'époux commun aura lui-même commencé
Des biens dudit absent à prendre la régie,
 Ou si cent ans sont écoulés
Depuis que cet absent a commencé sa vie,
 Les répondants seront tous déchargés ;
Les ayant-droit pourront demander le partage
Des biens qui de l'absent formeront l'héritage,
Et se faire envoyer définitivement
En la possession des biens dudit absent
 Par le tribunal ordinaire
 Jugeant en instance première.

 130. La succession de l'absent
S'ouvrira, sans nulle équivoque,
Du jour de son décès constant,
 Au profit de ses hoirs étant
Les plus proches à cette époque,
 Et ceux qui des biens délaissés
Par cet absent, auraient eu jouissance,
 De les remettre, en conséquence,
 Devront toujours être forcés,
 En faisant, par eux, la réserve
De tous les fruits que leur conserve
 L'article ci-devant tracé,
Que cent vingt-sept on a numéroté.

131. Si, pendant que l'envoi provisoire subsiste,
 On voit reparaître l'absent,

soire, les effets du jugement qui aura déclaré l'absence, cesseront, sans préjudice, s'il y a lieu, des mesures conservatoires prescrites au chapitre premier du présent titre pour l'administration de ses biens.

132. Si l'absent reparaît, ou si son existence est prouvée, même après l'envoi définitif, il recouvrera ses biens dans l'état où ils se trouveront, le prix de ceux qui auraient été aliénés, ou les biens provenant de l'emploi qui aurait été fait du prix de ses biens vendus.

133. Les enfants et descendants directs de l'absent pourront également, dans les trente ans, à compter de l'envoi définitif, demander la restitution de ses biens, comme il est dit en l'article précédent.

134. Après le jugement de déclaration d'absence, toute personne qui aurait des

Ou si l'on prouve qu'il existe,
Tous les effets du jugement
Ladite absence déclarant,
Deviendront alors illusoires;
Mais, s'il le faut, sans préjudicier
Aux mesures conservatoires
Prescrites, pour administrer
Ses biens, au chapitre premier.

132. Même postérieurement
A l'envoi prononcé définitivement,
Si l'absent vient à reparaître,
Ou si l'on peut prouver qu'il n'a pas cessé d'être,
En ce cas, il recouvrera
Ses biens tels qu'il les trouvera;
Et de plus, il se fera rendre
Le prix de ceux que l'on aurait pu vendre
Où les biens divers provenus
De l'emploi fait du prix des susdits biens vendus.

133. De l'absent les enfants et directs descendants
Pourront toujours, dans les trente ans,
Depuis le jugement qui prononce et commande
L'envoi définitif, demander qu'on leur rende
Les biens délaissés par l'absent,
Comme le dit l'article précédent.

134. Après le jugement portant
La déclaration de l'absence susdite,

droits à exercer contre l'absent, ne pourra les poursuivre que contre ceux qui auront été envoyés en possession des biens, ou qui en auront l'administration légale.

SECTION II.

Des effets de l'absence, relativement aux droits éventuels qui peuvent compéter à l'absent.

ART. 135. Quiconque réclamera un droit échu à un individu dont l'existence ne sera pas reconnue, devra prouver que ledit individu existait quand le droit a été ouvert; jusqu'à cette preuve, il sera déclaré nonrecevable dans sa demande.

136. S'il s'ouvre une succession à laquelle soit appelé un individu dont l'existence n'est pas reconnue, elle sera dévolue exclusivement à ceux avec lesquels il aurait

Toute personne ayant des droits contre l'absent,
En devra faire la poursuite
Contre les envoyés en la possession,
Ou contre ceux ayant la gestion
Légalement donnée en la forme ordinaire,
Des biens dont cet absent était propriétaire.

SECTION II.

Des Effets de l'absence, relativement aux droits éventuels qui peuvent compéter à l'absent.

135. Pour réclamer un droit échu
Au profit d'un individu
Dont l'existence n'est pas sûre,
Il faut prouver auparavant
Que cet individu se trouvait existant
Lorsque le droit reçut son ouverture;
Tant qu'on ne l'aura point prouvé,
Non-recevable on sera déclaré.

136. S'il s'ouvre une hoirie à laquelle
Vienne quelqu'un ayant droit en icelle,
Dont l'existence ne pourra
Être dans ce temps reconnue,
Cette succession sera
Exclusivement dévolue

eu le droit de concourir, ou à ceux qui l'auraient recueillie à son défaut.

137. Les dispositions des deux articles précédents auront lieu sans préjudice des actions en pétition d'hérédité et d'autres droits, lesquels compéteront à l'absent ou à ses représentants ou ayant-cause, et ne s'éteindront que par le laps de temps établi pour la prescription.

138. Tant que l'absent ne se représentera pas, ou que les actions ne seront point exercées de son chef, ceux qui auront recueilli la succession, gagneront les fruits par eux perçus de bonne-foi.

A ceux avec lesquels il aurait pu venir
 Et se montrer en concurrence,
 Ou bien à ceux qui, dans cette occurrence,
 A son défaut, l'auraient pu recueillir.

137. Des deux articles précédents,
Les dispositions auront lieu dans tous temps,
 Sans porter aucun préjudice
 Aux actions dont on a l'exercice
  En demande d'hérédité
Et d'autres droits, lesquels, dans leur intégrité,
 Dudit absent ou de ses ayant-cause,
Ou de ceux par lesquels il est représenté,
 Resteront et seront la chose,
 Et n'auront leur extinction
Qu'après le temps fixé pour la prescription.

138. Lorsque l'absent ne reparaîtra pas,
Ou que les actions à former, en ce cas,
 Ne seront point de son chef exercées,
  Mais seront autrement formées,
  Tous les fruits et les revenus
  De bonne-foi pris et perçus,
  Et qui dépendront de l'hoirie,
Appartiendront à ceux qui l'auront recueillie.

SECTION III.

Des Effets de l'absence, relativement au mariage.

ART. 139. L'époux absent dont le conjoint a contracté une nouvelle union, sera seul recevable à attaquer ce mariage par lui-même, ou par son fondé de pouvoir, muni de la preuve de son existence.

140. Si l'époux absent n'a point laissé de parents habiles à lui succéder, l'autre époux pourra demander l'envoi en possession provisoire des biens.

CHAPITRE IV.

De la Surveillance des enfants mineurs du père qui a disparu.

ART. 141. Si le père a disparu, laissant des enfants mineurs issus d'un commun

SECTION III.

Des Effets de l'absence, relativement au mariage.

139. L'époux absent, dont le conjoint s'engage
    Dans les nœuds d'une autre union,
    Aura seul la permission
D'attaquer par lui-même un pareil mariage,
    Ou par quelqu'un qui devra présenter
Un pouvoir spécial, et qui devra prouver
    Que l'époux, malgré son absence,
    Conserve encore l'existence.

140. Lorsque l'époux absent ne laisse
    Aucun parent habile dans l'espèce
    A succéder suivant la loi,
L'autre époux aura droit de demander l'envoi
En la possession provisoire et précaire
Des biens dont cet absent était propriétaire.

CHAPITRE IV.

De la Surveillance des enfants mineurs du père qui a disparu.

1 1. Quand le père disparaitra,
    Et qu'en ce cas il laissera

mariage, la mère en aura la surveillance, et elle exercera tous les droits du mari, quant à leur éducation et à l'administration de leurs biens.

142. Six mois après la disparition du père, si la mère était décédée lors de cette disparition, ou si elle vient à décéder avant que l'absence du père ait été déclarée, la surveillance des enfants sera déférée, par le conseil de famille, aux ascendants les plus proches, et, à leur défaut, à un tuteur provisoire.

143. Il en sera de même dans le cas où l'un des époux qui aura disparu, laissera des enfants mineurs issus d'un mariage précédent.

Enfants mineurs i us d'un commun mariage,
    Leur mère les surveillera,
    Et, de plus, elle exercera
Les droits dont son mari lui-même aurait l'usage,
    Quant à leur éducation,
    De même qu'à la gestion
Des biens qui des mineurs seront lors le partage.

142. Lorsque six mois auront couru
    Après l'époque constatée
    Où le père aura disparu,
    Si la mère était décédée
    Lors de sa disparition,
    Ou si sa mort est arrivée
Avant que de l'absent dont il est question
    L'absence ait été déclarée,
    La surveillance des enfants,
    Dans ce cas, sera déférée
Par le conseil de famille, et donnée
A ceux que l'on saura plus proches ascendants;
    A leur défaut, dans sa prudence,
    Le susdit conseil élira
Un tuteur provisoire, auquel il donnera
Desdits enfants la surveillance.

143. Il en sera de même en tous les temps,
Lorsque l'époux absent laissera des enfants.
    Nés d'un précédent mariage,
    Qui de majeurs n'auront point l'âge.

~~~~~~~~~~~~~~~~~~~~~~~~~~~~~~~~~~~~~~

TITRE CINQUIÈME.

Du Mariage.

Décrété le 26 ventose an 11, promulgué le 6 germinal suivant.

CHAPITRE PREMIER.

Des Qualités et Conditions requises pour pouvoir contracter mariage.

ART. 144. L'homme avant dix-huit ans révolus, la femme avant quinze ans révolus, ne peuvent contracter mariage.

145. Le gouvernement pourra néanmoins, pour des motifs graves, accorder des dispenses d'âge.

146. Il n'y a pas de mariage lorsqu'il n'y a point de consentement.

147. On ne peut contracter un second mariage avant la dissolution du premier.

~~~~~~~~~~~~~~~~~~~~~~~~~~~~~~~~

TITRE CINQUIÈME.

Du Mariage.

Décrété le 26 ventose an 11 , promulgué le
6 germinal suivant.

CHAPITRE PREMIER.

Des Qualités et Conditions requises pour pouvoir contracter mariage.

144. L'homme n'ayant pas atteint l'âge
De dix-huit ans accomplis et parfaits ,
   La femme, avant quinze ans complets,
Ne peuvent point contracter mariage.

145. Néanmoins le gouvernement,
Pour de graves motifs, pourra , s'il y consent,
   Accorder des dispenses d'âge ,
   Et permettre le mariage.

146. A défaut de consentement ,
   Aucun hymen n'est existant.

147. Par un second hymen, on ne peut se lier
Sans avoir vu dissoudre le premier.

148. Le fils qui n'a pas atteint l'âge de vingt-cinq ans accomplis, la fille qui n'a pas atteint l'âge de vingt-un ans accomplis, ne peuvent contracter mariage sans le consentement de leurs père et mère ; en cas de dissentiment, le consentement du père suffit.

149. Si l'un des deux est mort, ou s'il est dans l'impossibilité de manifester sa volonté, le consentement de l'autre suffit.

150. Si le père et la mère sont morts, ou s'ils sont dans l'impossibilité de manifester leur volonté, les aïeuls et aïeules les remplacent: s'il y a dissentiment entre l'aïeul et l'aïeule de la même ligne, il suffit du consentement de l'aïeul.

S'il y a dissentiment entre les deux lignes, ce partage emportera consentement.

148. Le fils qui n'a pas atteint l'âge
De vingt-cinq ans révolus et finis,
La fille qui n'a pas vingt-un ans accomplis,
Ne peuvent point contracter mariage
    Sans avoir le consentement
    Accordé par leurs père et mère ;
    Mais, en cas de dissentiment,
    Celui du père est le seul nécessaire.

149. Si l'un des deux a fini sa carrière,
    Ou s'il se trouve empêchement
    A ce qu'alors il puisse faire
    Savoir quel est son sentiment,
    De l'autre le consentement
    Devra suffire en cette affaire.

150. Si le père ainsi que la mère
    Ont tous deux fini leur carrière,
Ou s'ils n'ont pas la possibilité
    De faire voir leur volonté,
Ils seront remplacés dès-lors par les grands-pères
    De même que par les grand'mères.

    Si l'aïeul et l'aïeule étant
    En même ligne, ont cependant
    Sur l'hymen des avis contraires,
    De l'aïeul le consentement,
    En ce cas, sera suffisant ;
    Et pour le fait du mariage,

151. Les enfants de famille ayant atteint la majorité fixée par l'article 148, sont tenus, avant de contracter mariage, de demander, par un acte respectueux et formel, le conseil de leur père et de leur mère, ou celui de leurs aïeuls et aïeules, lorsque leur père et leur mère sont décédés, ou dans l'impossibilité de manifester leur volonté.

(Articles 152, 153, 154, 155, 156 et 157, décrétés le 21 ventose an 12, promulgués le 1.er germinal suivant.)

152. Depuis la majorité fixée par l'article 148, jusqu'à l'âge de trente ans accomplis pour les fils, et jusqu'à l'âge de vingt-cinq ans accomplis pour les filles, l'acte respectueux prescrit par l'article précédent, et sur lequel il n'y aurait pas de consentement au mariage, sera renouvelé deux autres fois, de mois en mois; et, un

S'il se trouve dissentiment
Dans les deux lignes, ce partage
Emportera consentement.

151. Les divers enfants de famille,
Ayant atteint l'âge prescrit
Article cent quarante-huit,
Avant que de l'hymen pour eux le flambeau brille,
Sont obligés, pour parvenir
Audit hymen, de requérir
Le conseil de leurs père et mère;
Et lorsque ces derniers ont fini leur carrière,
Ou bien n'ont pas la possibilité
De démontrer leur volonté,
Il faut solliciter le conseil des grands-pères,
Ainsi que celui des grand'mères;
Le tout par acte fait respectueusement
Et rédigé formellement.

152. Depuis l'âge qu'on voit prescrit
Article cent quarante huit,
Jusqu'au moment où de vingt-cinq années
Les filles se trouvent âgées,
Et de même, jusqu'au moment
Où de trente ans complets les fils ont atteint l'âge,
L'acte respectueux qu'exige expressément,
Par sa teneur, l'article précédent,

mois après le troisième acte, il pourra être passé outre à la célébration du mariage.

153. Après l'âge de trente ans, il pourra être, à défaut de consentement sur un acte respectueux, passé outre, un mois après, à la célébration du mariage.

154. L'acte respectueux sera notifié à celui ou ceux des ascendants désignés en l'article 151, par deux notaires ou par un notaire et deux témoins; et, dans le procès-verbal qui doit en être dressé, il sera fait mention de la réponse.

155. En cas d'absence de l'ascendant auquel eût dû être fait l'acte respectueux, il sera passé outre à la célébration du mariage, en représentant le jugement qui aurait été rendu pour déclarer l'absence, ou, à défaut de ce jugement, celui qui aurait ordonné l'enquête; ou, s'il n'y a point encore eu de jugement, un acte de

Et sur lequel, à fin de mariage,
N'interviendrait aucun consentement,
Sera de mois en mois, d'une manière exacte,
Renouvelé deux autres fois ;
Mais trente jours après le troisième acte,
On pourra célébrer l'hymen suivant les lois.

153. De trente ans complets après l'âge,
Si nul consentement ne suit
L'acte respectueux prescrit,
On peut, un mois après, faire le mariage.

154. L'acte respectueux sera notifié
Aux ascendants, ainsi qu'il est spécifié
Article cent cinquante-unième,
Par deux notaires, ou du moins
Par un notaire et deux témoins ;
Et dans le procès-verbal même,
Que l'on doit en dresser, sans nulle omission,
De la réponse on fera mention.

155. Si l'ascendant, auquel on eût dû faire
L'acte de respect, est absent,
L'hymen, en la forme ordinaire,
Peut être célébré, mais en représentant
Le jugement rendu pour déclarer l'absence ;
A défaut de ce jugement,
A l'hymen on pourra passer outre, en montrant
Le jugement ordonnant une enquête ;

notoriété délivré par le juge de paix du lieu où l'ascendant a eu son dernier domicile connu. Cet acte contiendra la déclaration de quatre témoins appelés d'office par ce juge de paix.

156. Les officiers de l'état civil qui auraient procédé à la célébration des mariages contractés par des fils n'ayant pas atteint l'âge de vingt-cinq ans accomplis, ou par des filles n'ayant pas atteint l'âge de vingt-un ans accomplis, sans que le consentement des pères et mères, aïeuls et aïeules, et celui de la famille, dans le cas où ils sont requis, soient énoncés dans l'acte de mariage, seront, à la diligence des parties intéressées, et du commissaire du gouvernement près le tribunal de première instance du lieu où il aura été célébré, condamnés à l'amende portée par

Ou si nul jugement n'est encor existant,
    Sur la présentation faite
D'un acte dit de notoriété,
    Qui sera fait et délivré
Par le juge de paix des bourg, village ou ville
    Où se trouvait le domicile
    Dernier connu dans ce moment
    Comme propre au dit ascendant:
    Sera contenue en cet acte
    La déclaration exacte
    De quatre témoins pris exprès,
Et d'office appelés par le juge de paix.

156. Les officiers que l'on sait être
    A l'état civil préposés,
Et qui pourraient quelquefois se permettre
De célébrer des hymens contractés
Par des fils n'ayant pas, lors du dit mariage,
    Vingt-cinq ans finis et parfaits,
    Ou bien par des filles dont l'âge
Ne serait pas de vingt-un ans complets,
    Sans que des mères et des pères
    A l'hymen le consentement,
    Celui des aïeuls et grand'mères,
    Et le consentement donné
Par le conseil de famille assemblé,
Alors qu'ils sont requis et jugés nécessaires,
Soient dans l'acte d'hymen énoncés nommément,

l'article 192 ci-après, et, en outre, à un emprisonnement dont la durée ne pourra être moindre de six mois.

157. Lorsqu'il n'y aura pas eu d'actes respectueux, dans les cas où ils sont prescrits, l'officier de l'état civil qui aurait célébré le mariage, sera condamné à la même amende, et à un emprisonnement qui ne pourra être moindre d'un mois.

158. Les dispositions contenues aux articles, 148 et 149, et les dispositions des

Seront, en cette circonstance,
A la poursuite et diligence
Des individus se trouvant
Intéressés en cette affaire,
Et du commissaire exerçant
Auprès du tribunal jugeant
Les causes d'instance première,
Dans le ressort duquel sera
L'endroit où l'on aura célébré l'hyménée,
Condamnés strictement à l'amende ordonnée
    Par l'article que l'on verra
Numéroté cent quatre-vingt-douzième,
Et seront condamnés à supporter de même
Un emprisonnement qui devra toutefois
    Durer au moins l'espace de six mois.

157. Toutes les fois que l'on n'aura pas fait
D'actes respectueux dans le cas où l'on est
    Expressément obligé de les faire,
Et qu'à l'état civil l'officier préposé
        Aura néanmoins célébré
        Des deux contractants l'hyménée,
        L'officier sera condamné
        A la même amende ordonnée,
        Ainsi qu'à l'emprisonnement,
Qui ne pourra durer moins d'un mois cependant.

158. Aux enfants naturels, lorsque légalement
On les a reconnus antérieurement,

articles 151, 152, 153, 154 et 155, relatives à l'acte respectueux qui doit être fait aux père et mère dans le cas prévu par ces articles, sont applicables aux enfants naturels légalement reconnus.

159. L'enfant naturel qui n'a point été reconnu, et celui qui, après l'avoir été, a perdu ses père et mère, ou dont les père et mère ne peuvent manifester leur volonté, ne pourra, avant l'âge de vingt-un ans révolus, se marier qu'après avoir obtenu le consentement d'un tuteur *ad hoc* qui lui sera nommé.

En toute occurrence s'appliquent
Les dispositions qu'indiquent
L'article cent quarante-huit,
Et celui qui se trouve inscrit
Nombre cent quarante-neuvième.
Les dispositions des articles écrits
Aux nombres cent cinquante-unième
Et suivants, jusques et compris
Le nombre dénommé cent cinquante-cinquième,
Auxdits enfants s'appliqueront de même,
En ce qui touche seulement
L'acte respectueux à faire
Aux personnes des père et mère,
Dans les cas divers qu'ont prévus
Ces cinq articles déjà vus.

159. Tout enfant naturel qu'on n'a point reconnu,
Ou celui reconnu qui depuis a perdu
Sa mère, mais encor son père,
Ou bien dont le père et la mère
Sont dans l'impossibilité
De démontrer leur volonté,
N'aura point le droit, avant l'âge
De vingt-un ans finis entièrement,
De contracter un mariage
Qu'après avoir eu le consentement
D'un tuteur *ad hoc* nécessaire
Qui lui sera nommé dans cette affaire.

160. S'il n'y a ni père, ni mère, ni aïeuls, ni aïeules, ou s'ils se trouvent tous dans l'impossibilité de manifester leur volonté, les fils ou filles mineurs de vingt-un ans ne peuvent contracter mariage sans le consentement du conseil de famille.

161. En ligne directe, le mariage est prohibé entre tous les ascendants et descendants légitimes ou naturels, et les alliés dans la même ligne.

162. En ligne collatérale, le mariage est prohibé entre le frère et la sœur légitimes ou naturels, et les alliés au même degré.

163. Le mariage est encore prohibé entre l'oncle et la nièce, la tante et le neveu.

164. Néanmoins le gouvernement pour-

160. Si le père ainsi que la mère,
Aïeules comme aïeuls, ont fini leur carrière,
　Ou s'ils n'ont pas la possibilité
　　De démontrer leur volonté,
　　Filles ou fils n'ayant pas l'âge
　De vingt-un ans, n'ont pas la faculté
　　De contracter un mariage
　　Sans le consentement donné
　　Par le conseil de famille assemblé.

161. Entre ascendants et descendants,
　Soit naturels, soit légitimes,
Dans la ligne directe, on défend en tout temps
　Les nœuds d'hymen dès-lors illégitimes,
　　Et les mêmes empêchements
　　Existent pour ceux qu'on désigne
　　Comme alliés dans cette ligne.

162. En collatérale, on défend
L'hymen entre le frère et la sœur légitimes
　　Ou naturels, et constamment
　　Sont proscrits, comme illégitimes,
　　Les nœuds de l'hymen célébré
Entre les alliés dans le même degré.

163. Entre oncle et nièce, entre tante et neveu,
　L'hymen ne doit point avoir lieu.

164. Néanmoins le gouvernement
　Pourra, s'il croit devoir le faire,

ra, pour des causes graves, lever les pro-
hibitions portées au précédent article.

CHAPITRE II.

Des formalités relatives à la célébration du mariage.

Art. 165. Le mariage sera célébré publiquement devant l'officier civil du domicile
de l'une des deux parties.

166. Les deux publications ordonnées
par l'article 63, au titre des *Actes de l'état
civil*, seront faites à la municipalité du
lieu où chacune des parties contractantes
aura son domicile.

167. Néanmoins, si le domicile actuel
n'est établi que par six mois de résidence,

Pour de graves motifs, lever l'empéchement
 Qui de l'article précédent
 Est le résultat nécessaire.

CHAPITRE II.

Des Formalités relatives à la célébration du mariage.

165. Publiquement de l'hymen on fera
 La célébration civile
Par-devant l'officier auprès duquel sera
De l'un des deux futurs fixé le domicile.

166. La publication qu'on doit faire deux fois,
 Et qui toujours est ordonnée,
 Pour parvenir à l'hyménée,
 Par l'article soixante-trois,
 Chapitre trois, titre où des actes
Touchant l'état civil on a vu le traité,
Seront faites toujours, dans les formes exactes,
 A la municipalité
 De l'endroit où sera fixé,
 Lors de l'hymen, le domicile
De chacun des futurs à contracter habile.

167. Néanmoins, si le cas est tel
 Que le domicile actuel

les publications seront faites en outre à la municipalité du dernier domicile.

168. Si les parties contractantes, ou l'une d'elles, sont, relativement au mariage, sous la puissance d'autrui, les publications seront encore faites à la municipalité du domicile de ceux sous la puissance desquels elles se trouvent.

169. Le Gouvernement, ou ceux qu'il préposera à cet effet, pourront, pour des causes graves, dispenser de la seconde publication.

170. Le mariage contracté en pays étranger entre Français, et entre Français et étranger, sera valable, s'il a été célébré dans les formes usitées dans le pays, pourvu qu'il ait été précédé des publications prescrites par l'article 63, au titre des *Actes de l'état civil*, et que le Français

N'ait encor pris de consistance
Que par six mois de résidence,
Pour que l'hymen soit contracté,
Les publications complètes,
En outre, devront être faites
A la municipalité
Du domicile en dernier lieu quitté.

168. Lorsque les contractants ou l'un d'eux seulement
Seront, quant audit mariage,
D'autrui sous le pouvoir, on fera strictement
Les publications d'usage
A la municipalité
Du domicile constaté
De ceux ayant sous leur puissance
Lesdits individus contractant alliance.

169. Mais le gouvernement ou bien ceux qu'il prépose
Peuvent, pour quelque grave cause,
Dispenser, nonobstant les lois,
De publier l'hymen une seconde fois.

170. Le mariage fait en contrée étrangère
Entre Français, et celui qu'au contraire
Etranger et français entr'eux pourraient former,
Sera valable, au cas qu'on l'ait fait célébrer
En suivant du pays la forme coutumière,
Et pourvu qu'avant tout on ait eu soin de faire
La publication de l'hymen par deux fois,

n'ait point contrevenu aux dispositions contenues au chapitre précédent.

171. Dans les trois mois après le retour du Français sur le territoire de la République, l'acte de célébration du mariage contracté en pays étranger, sera transcrit sur le registre public des mariages du lieu de son domicile.

CHAPITRE III.

Des oppositions au mariage.

ART. 172. Le droit de former opposition à la célébration du mariage, appar-

Ainsi qu'il devient nécessaire
Par l'article soixante-trois,
Chapitre trois, titre où des actes
Touchant l'état civil sont les formes exactes,
Et que le Français contractant
N'ait pas été contrevenant
Aux dispositions que l'on a déja vues,
Et qui se trouvent contenues
Dans le chapitre précédent.

171. Dans les trois mois qui désormais,
Sur le territoire français,
D'un Français suivront la rentrée,
L'acte de célébration
De la conjugale union
Faite par lui dans une autre contrée,
Exactement sera transcrit
Sur le registre où l'on inscrit
La célébration civile
Des hymens, dans l'endroit que ce Français choisit
Pour y fixer son domicile.

CHAPITRE III.

Des Oppositions au mariage.

172. De s'opposer à l'hyménée
Le droit appartient en tout temps

tient à la personne engagée par mariage avec l'une des deux parties contractantes.

173. Le père, et à défaut du père, la mère, et à défaut de père et mère, les aïeuls et aïeules, peuvent former opposition au mariage de leurs enfants et descendants, encore que ceux-ci aient vingt-cinq ans accomplis.

174. A défaut d'aucun ascendant, le frère ou la sœur, l'oncle ou la tante, le cousin ou la cousine germains, majeurs, ne peuvent former aucune opposition que dans les deux cas suivants :

1.º Lorsque le consentement du conseil de famille, requis par l'article 160, n'a pas été obtenu ;

2.º Lorsque l'opposition est fondée sur l'état de démence du futur époux : cette opposition, dont le tribunal pourra prononcer main-levée pure et simple, ne sera jamais reçue qu'à la charge, par l'opposant, de provoquer l'interdiction, et d'y

A la personne mariée
Avec l'un des deux contractants.

173. Le père, à son défaut, la mère,
A défaut de mère et de père,
Aïeules comme aïeuls, peuvent être opposants
Pour empêcher le mariage
De leurs enfants et descendants,
Encore que ceux-ci démontrent qu'ils ont l'âge
De vingt-cinq ans accomplis et constants.

174. Frère, oncle, tante, sœur, cousine ou bien cousin;
Ces deux derniers au degré de germain,
Et de majeurs tous ayant l'âge,
A défaut d'ascendants, en fait de mariage,
Ne pourront se rendre opposants;
Si ce n'est dans les cas suivants:

1.° Quand le consentement requis et nécessaire
Conformément à l'article tracé
Que cent soixante on a numéroté,
Et qu'un conseil de famille défère
N'a pas été par ce conseil donné;

2.° Quand l'opposition se trouve être fondée
Sur la démence décidée
De celui qui d'hymen veut former l'union;
Cette même opposition,
Dont par le tribunal pourra la main-levée
Pure et simple être prononcée,

faire statuer dans le délai qui sera fixé par le jugement.

175. Dans les deux cas prévus par le précédent article, le tuteur ou curateur ne pourra, pendant la durée de la tutelle ou curatelle, former opposition qu'autant qu'il y aura été autorisé par un conseil de famille, qu'il pourra convoquer.

176. Tout acte d'opposition énoncera la qualité qui donne à l'opposant le droit de la former; il contiendra élection de domicile dans le lieu où le mariage devra être célébré; il devra également, à moins qu'il ne soit fait à la requête d'un ascendant, contenir les motifs de l'opposition : le tout à peine de nullité, et de l'interdiction de l'officier ministériel qui aurait signé l'acte contenant opposition.

N'est admise valablement
Qu'à la charge, par l'opposant,
De provoquer, en la forme légale,
Une interdiction du futur contractant,
Et d'obtenir sur ce point important
Décision dans l'intervalle
Que fixera le jugement.

175. Dans les deux cas prévus article précédent,
Tuteur ou curateur ne pourra nullement,
Pendant le temps de la tutelle
Ou celui de la curatelle,
Former une opposition
De son pupille à l'hyménée
Qu'avec l'autorisation
Par le conseil de famille donnée;
Mais il aura toujours permission
De faire du conseil la convocation.

176. Tout acte d'opposition
Dira la qualité qui donne et qui confère
A l'opposant faculté de la faire;
Il contiendra, sans nulle omission,
De domicile élection
Dans l'endroit où devra du prochain hyménée
La célébration se trouver terminée.
L'acte devra pareillement,
A moins qu'alors, à la requête
D'un ascendant qui serait empêchant,

177. Le tribunal de première instance prononcera dans les dix jours sur la demande en main-levée.

178. S'il y a appel, il y sera statué dans les dix jours de la citation.

179. Si l'opposition est rejetée, les opposants, autres néanmoins que les ascendants, pourront être condamnés à des dommages-intérêts.

L'opposition ne soit faite,
Dire, en termes explicatifs,
De l'opposition la cause et les motifs;
Le tout de nullité sous la peine sévère,
Et sous la peine encor de l'interdiction
De l'officier qui, dans son ministère,
Aurait signé cette opposition.

177. Le tribunal où l'on porte toujours,
Et qui juge dans sa prudence
Les causes de première instance,
Prononcera dans les dix jours
Sur toute demande formée,
A fin d'obtenir main-levée.

178. Au cas d'une appellation
Sur cet appel en la forme voulue,
Il faudra toujours qu'on statue
Dans les dix jours de la citation.

179. Si l'opposition se trouve rejetée,
Tous ceux qui, sans être ascendants,
Se seraient rendus opposants
A ce que l'on fit l'hyménée,
Pourront se voir condamnés et sujets
A des dommages-intérêts.

CHAPITRE IV.

Des Demandes en nullité de mariage.

ART. 180. Le mariage qui a été contracté sans le consentement libre des deux époux, ou de l'un d'eux, ne peut être attaqué que par les époux, ou par celui des deux dont le consentement n'a pas été libre.

Lorsqu'il y a eu erreur dans la personne, le mariage ne peut être attaqué que par celui des deux époux qui a été induit en erreur.

181. Dans le cas de l'article précédent, la demande en nullité n'est plus recevable, toutes les fois qu'il y a eu cohabitation continuée pendant six mois depuis que l'époux a acquis sa pleine liberté, ou que l'erreur a été par lui reconnue.

CHAPITRE IV.

Des demandes en nullité de mariage.

180. Lorsqu'on a fait un mariage
Sans le libre consentement
Des deux époux qu'hymen engage,
Ou de l'un des deux seulement,
Ce mariage attaqué ne peut être
Que par lesdits époux, ou par celui des deux
Qui, d'hymen pour serrer les nœuds,
De son consentement n'a pas été le maître.

Lorsque de l'hyménée en formant l'union
Dans la personne erreur s'est rencontrée,
L'époux trompé peut seul, en cette occasion,
Attaquer ce même hyménée.

181. Dans le cas que prévoit l'article précédent,
Toutes les fois que constamment
Cohabitation parfaite
Pendant six mois a subsisté,
Depuis que l'époux précité
A la jouissance complète
De son entière liberté,
Ou depuis que par lui l'erreur est reconnue,
Toute demande en nullité
Ne saurait plus être reçue.

182. Le mariage contracté sans le consentement des père et mère , des ascendants ou du conseil de famille , dans les cas où ce consentement était nécessaire, ne peut être attaqué que par ceux dont le consentement était requis, ou par celui des deux époux qui avait besoin de ce consentement.

183. L'action en nullité ne peut plus être intentée ni par les époux, ni par les parents dont le consentement était requis, toutes les fois que le mariage a été approuvé expressément ou tacitement par ceux dont le consentement était nécessaire, ou lorsqu'il s'est écoulé une année sans réclamation de leur part, depuis qu'ils ont eu connaissance du mariage. Elle ne peut être intentée non plus par l'époux, lorsqu'il s'est écoulé une année sans réclamation de sa part, depuis qu'il a atteint l'âge compétent pour consentir par lui-même au mariage.

182. Le mariage contracté
Sans le consentement donné par père et mère,
Ascendants, ou conseil de famille assemblé,
Quand ce consentement se trouvait nécessaire,
  Peut être attaqué seulement
  Par ceux dont le consentement
  Etait requis dans cette affaire,
  Ou bien encor par le conjoint
  Qui du consentement avait alors besoin.

183. De la conjugale union
  En nullité toute action
  Ne saurait plus être intentée
  Par les époux et les parents
Dont le consentement se trouvait, dans le temps,
  Requis pour faire l'hymenée,
  Quand cet hymen se trouve expressément,
  Ou d'une tacite manière,
Approuvé par tous ceux dont le consentement
  Etait requis et nécessaire
  Pour qu'il fût fait légalement;
  Ou bien encor lorsqu'une année
  S'est entièrement écoulée
Sans réclamation par eux faite depuis
  Qu'ils sont du mariage instruits.
Par l'époux, l'action ne peut être intentée,
S'il a laissé d'un an s'écouler la durée
  Sans avoir fait de réclamation

I.   10

184. Tout mariage contracté en contra-vention aux dispositions contenues aux articles 144, 147, 161, 162 et 163, peut être attaqué, soit par les époux eux-mêmes, soit par tous ceux qui y ont intérêt, soit par le ministère public.

185. Néanmoins le mariage contracté par des époux qui n'avaient point en-core l'âge requis, ou dont l'un des deux n'avait point atteint cet âge, ne peut plus être attaqué, 1.º lorsqu'il s'est écoulé six mois depuis que cet époux ou les époux ont atteint l'âge compétent ; 2.º lorsque la

Depuis qu'il se trouve avoir l'âge
Compétent pour donner son approbation
Et consentir lui-même au mariage.

184. Tout mariage fait en contravention
A chaque disposition
Que l'on a précédemment vue,
Et qui se trouve contenue
Dans les deux articles inscrits
Nombre cent quarante-septième
Et cent quarante-quatrième,
Dans les deux que l'on voit écrits
Nombre cent soixante-deuxième
Et nombre cent soixante-unième,
Enfin, dans l'article compris
Sous le nombre appelé cent soixante-troisième,
Peut par les contractants être alors attaqué,
Ou par tous ceux ayant dans cette affaire
Un intérêt ostensible et marqué,
Ou par le public ministère.

185. Néanmoins, l'hymen contracté
Par des époux n'ayant point l'âge
En pareil cas nécessité,
Ou bien dont l'un des deux, lors dudit mariage,
N'avait point cet âge exigé,
Ne saurait plus être attaqué,
Alors qu'il est constant que moitié d'une année

femme qui n'avait point cet âge, a conçu avant l'échéance de six mois.

186. Le père, la mère, les ascendants et la famille qui ont consenti au mariage contracté dans le cas de l'article précédent, ne sont point recevables à en demander la nullité.

187. Dans tous les cas où, conformément à l'article 184, l'action en nullité peut être intentée par tous ceux qui y ont un intérêt, elle ne peut l'être par les parents collatéraux, ou par les enfants nés d'un autre mariage, du vivant des deux époux, mais seulement lorsqu'ils y ont un intérêt né et actuel.

Est entièrement terminée,
Depuis que l'un des deux ou tous deux ont acquis
    L'âge compétent et requis,
    Ou quand la femme mariée,
    Qui n'était point assez âgée
Pour contracter l'hymen, a cependant conçu
Avant que de six mois le laps ne fût échu.

    186. Père et mère, et tout ascendant,
    Ainsi que la famille, ayant
Donné consentement, dans les formes valables,
    A l'hymen qu'on a pu former
    Dans le cas que vient d'exprimer
L'article précédent, ne sont point recevables
    A demander la nullité
    De l'hymen ainsi contracté.

    187. Dans les cas où, suivant ce que l'on voit tracé
    Par l'article qu'on a placé
    Le cent quatre-vingt-quatrième,
    En nullité peut être l'action
Par tous intéressés formée avec raison,
    Le principe n'est point le même
    Pour les collatéraux parents,
    Ou bien pour les divers enfants
    Nés d'un précédent mariage,
    Lesquels n'ont pas la faculté
    De former l'action à fin de nullité,

188. L'époux au préjudice duquel a été contracté un second mariage, peut en demander la nullité du vivant même de l'époux qui était engagé avec lui.

189. Si les nouveaux époux opposent la nullité du premier mariage, la validité ou nullité de ce mariage doit être jugée préalablement.

190. Le commissaire du Gouvernement, dans tous les cas auxquels s'applique l'article 184, et sous les modifications portées en l'article 185, peut et doit demander la nullité du mariage, du vivant des deux époux, et les faire condamner à se séparer.

Tant que les deux époux de la vie ont l'usage,
  Mais seulement quand il est démontré
    Que ces enfants et parents que l'on cite
  Ont à former cette action susdite
  Un intérêt lors actuel et né.

    188. L'époux au détriment duquel
      Il est bien constant et réel
   Que l'on a fait un second mariage,
   Peut demander qu'il soit nul et dissous
     Du vivant même de l'époux
Qui s'était avec lui mis d'abord en ménage.

189. Si du premier hymen l'entière nullité
Par les nouveaux époux est alors opposée,
     En ce cas, la validité
   Ou nullité du susdit hyménée,
Doit préalablement être instruite et jugée.

    190. Dans tous les cas auxquels s'applique
    L'article nombré ci-dessus
   Cent quatre-vingt-quatre, et, de plus,
   Sous les restrictions qu'explique
    L'article tracé ci-devant
  Au numéro cent quatre-vingt-cinquième,
Le commissaire élu par le gouvernement,
    Peut et doit demander lui-même,
    Et requérir expressément
    La nullité du mariage,

191. Tout mariage qui n'a point été contracté publiquement, et qui n'a point été célébré devant l'officier public compétent, peut être attaqué par les époux eux-mêmes, par les père et mère, par les ascendants, et par tous ceux qui y ont un intérêt né et actuel, ainsi que par le ministère public.

192. Si le mariage n'a point été précédé des deux publications requises, ou s'il n'a pas été obtenu des dispenses permises par la loi, ou si les intervalles prescrits dans les publications et célébrations n'ont point été observés, le commissaire fera prononcer contre l'officier public une amende qui ne pourra excéder trois cents francs ; et contre les parties contractantes, ou ceux sous la puissance desquels elles ont agi, une amende proportionnée à leur fortune.

Pendant que les époux de la vie ont l'usage,
 Et les faire alors condamner
 Tous les deux à se séparer.

 191. Le mariage contracté
Sans la publicité d'usage,
Et que l'on n'a point célébré
Par-devant l'officier ayant la faculté
 De célébrer les nœuds du mariage,
  Peut être attaqué dans tout temps
 Par les époux et par les père et mère,
  Ainsi que par les ascendants,
Et par tous ceux ayant dans cette affaire
Un intérêt lors actuel et né :
  Enfin au public ministère,
De l'attaquer le pouvoir est donné.

 192. Si l'hymen qu'on a contracté
 Ne s'est point trouvé précédé
 Des publications requises,
Ou si l'on ne s'est point avant tout procuré
 Les dispenses qui sont permises,
Ou bien si l'on a fait la célébration
 Et chaque publication,
 Sans observer les intervalles
 Prescrits pour les rendre légales,
 Le commissaire alors, sans l'oublier,
 Fera prononcer une amende

193. Les peines prononcées par l'article précédent, seront encourues par les personnes qui y sont désignées, pour toute contravention aux règles prescrites par l'article 165, lors même que ces contraventions ne seraient pas jugées suffisantes pour faire prononcer la nullité du mariage.

194. Nul ne peut réclamer le titre d'époux et les effets civils du mariage, s'il ne représente un acte de célébration inscrit sur le registre de l'état civil, sauf les cas prévus par l'article 46, au titre *des Actes de l'état civil.*

Contre le public officier,
Laquelle ne pourra jamais être plus grande
Qu'une somme de trois cents francs ;
Et contre les deux contractants,
Ou contre ceux desquels, sous la puissance ;
Ils ont agi quand l'hymen prit naissance,
Une amende en proportion
Des biens qui lors seront en leur possession.

193. Les peines que l'on voit ci-dessus énoncées
Et que contient l'article précédent,
Devront atteindre constamment
Les personnes y désignées,
Pour contravention aux règles que prescrit
L'article qui se trouve inscrit
Au numéro cent soixante-cinquième,
Et l'on sera soumis à ces peines, lors même
Que pour obtenir nullité
Du mariage contracté,
Toutes conventions faites et constatées,
Suffisantes alors ne seraient pas jugées.

194. Nul ne peut réclamer d'époux la qualité,
Ni les effets civils propres au mariage,
Qu'avant il n'ait représenté
L'acte d'hymen inscrit, suivant l'usage,
Au registre civil ; sauf tous les cas décrits
Par l'article quarante-six,
Dans le titre où déjà l'on a vu que des actes
Touchant l'état civil sont les formes exactes.

195. La possession d'état ne pourra dispenser les prétendus époux qui l'invoqueront respectivement, de représenter l'acte de célébration du mariage devant l'officier de l'état civil.

196. Lorsqu'il y a possession d'état, et que l'acte de célébration du mariage devant l'officier de l'état civil est représenté, les époux sont respectivement non-recevables à demander la nullité de cet acte.

197. Si néanmoins, dans le cas des articles 194 et 195, il existe des enfants issus de deux individus qui ont vécu publiquement comme mari et femme, et qui soient tous deux décédés, la légitimité des enfants ne peut être contestée sous le seul prétexte du défaut de représentation de l'acte de célébration, toutes les fois que cette légitimité est prouvée par une possession d'état qui n'est point contredite par l'acte de naissance.

195. D'état par la possession
Respectivement invoquée,
La dispense n'est accordée
Aux prétendus époux, en aucune façon,
De montrer de leur mariage
L'acte prouvant la célébration
Par l'officier civil, faite suivant l'usage.

196. D'état quand la possession
Est suffisamment constatée,
Et qu'on montre de l'hymenée
L'acte prouvant la célébration
Devant l'officier terminée,
Les époux, de chaque côté,
Recevables ne peuvent être
A demander la nullité
De cet acte qu'on fait paraître;

197. Si néanmoins dans le cas ci-dessus
Des articles nombrés cent quatre-vingt-quinzième
Et cent quatre-vingt-quatorzième,
Il se rencontre enfants issus
Et nés de deux individus,
Qui tous les deux ont fini leur carrière,
Mais qui tous deux ont existé
Comme femme et mari de publique manière,
Desdits enfants la légitimité
Ne saurait être contestée,

I.   11

198. Lorsque la preuve d'une célébration légale du mariage se trouve acquise par le résultat d'une procédure criminelle, l'inscription du jugement sur les registres de l'état civil assure au mariage, à compter du jour de sa célébration, tous les effets civils, tant à l'égard des ép ux, qu'à l'égard des enfants issus de ce mariage.

199. Si les époux, ou l'un d'eux, sont décédés sans avoir découvert la fraude, l'action criminelle peut être intentée par tous ceux qui ont intérêt de faire déclarer le mariage valable, et par le commissaire du Gouvernement.

Sous le prétexte seulement
Qu'on ne présente point un acte constatant
La célébration faite de l'hyménée :
 Toutes les fois qu'en cette occasion
La légitimité se trouve constatée
 D'état par la possess'on,
Qui n'est contrariée en aucune façon,
Par l'acte dans lequel la naissance est marquée.

198. Par le fait d'une procédure
Instruite criminellement,
 Quand on acquiert la preuve sure
 D'un hymen fait légalement,
 L'inscription du jugement
Aux registres civils, faite suivant l'usage,
Au susdit mariage assure avec raison
 Des effets civils l'avantage,
Vis-à-vis des enfants nés de cette union,
 Et vis-à-vis des époux qu'elle engage.

199. Des deux époux ou bien de l'un d'eux seulement
 Si l'existence est terminée
Sans qu'ils aient découvert la fraude auparavant,
 L'action peut être portée
 Au criminel, et peut être intentée
 Par ceux ayant un intérêt constant
A faire déclarer valable l'hyménée :
 Faculté semblable est donnée
Au commissaire élu par le Gouvernement.

200. Si l'officier public est décédé lors de la découverte de la fraude, l'action sera dirigée au civil, contre ses héritiers, par le commissaire du Gouvernement, en présence des parties intéressées et sur leur dénonciation.

201. Le mariage qui a été déclaré nul, produit néanmoins les effets civils, tant à l'égard des époux qu'à l'égard des enfants, lorsqu'il a été contracté de bonne-foi.

202. Si la bonne-foi n'existe que de la part de l'un des deux époux, le mariage ne produit les effets civils qu'en faveur de cet époux et des enfants issus du mariage.

CHAPITRE V.

Des Obligations qui naissent du mariage.

ART. 203. Les époux contractent ensemble, par le fait seul du mariage, l'obligation de nourrir, entretenir et élever leurs enfants.

200. Si l'officier public est mort
Lorsque l'on découvre son tort,
Contre ses héritiers l'action intentée,
Au civil sera dirigée
Par le commissaire exerçant
Auprès du tribunal pour le Gouvernement,
Des intéressés en présence,
Et sur les faits par eux exactement
Dénoncés en cette occurrence.

201. L'hymen déclaré nul produira cependant,
Vis-à-vis les époux, vis-à-vis chaque enfant,
Lorsque de bonne-foi l'union s'est formée,
Tous les effets civils propres à l'hyménée.

202. Si la bonne-foi néanmoins
Ne vient que de la part de l'un des deux conjoints,
L'hymen conserve l'avantage
Des effets civils, seulement
En faveur de ce contractant,
Et des enfants issus du mariage.

CHAPITRE V.

Des Obligations qui naissent du mariage.

203. Les époux contractent ensemble,
Par le fait seul du nœud qui les rassemble,
L'obligation de nourrir,
Elever leurs enfants, et les entretenir.

204. L'enfant n'a pas d'action contre ses père et mère pour un établissement par mariage ou autrement.

205. Les enfants doivent des aliments à leurs père et mère, et autres ascendants qui sont dans le besoin.

206. Les gendres et belles-filles doivent également, et dans les mêmes circonstances, des aliments à leurs beau-père et belle-mère ; mais cette obligation cesse, 1.º lorsque la belle-mère a convolé en secondes noces ; 2.º lorsque celui des époux qui produisait l'affinité, et les enfants issus de son union avec l'autre époux, sont décédés.

207. Les obligations résultant de ces dispositions sont réciproques.

204. L'enfant n'a pas contre son père
D'action, ni contre sa mère,
Pour avoir d'eux un établissement
Par mariage ou bien tout autrement.

205. Tous les enfants doivent des aliments
A leur père, en outre à leur mère,
Ainsi qu'aux autres ascendants,
Auxquels le besoin rend ce secours nécessaire.

206. Ceux que gendres on nomme ici,
Et les belles-filles aussi,
Doivent, de la même manière,
Et dans les cas déja prévus,
Des aliments à leur beau-père,
De même qu'à leur belle-mère;
Mais l'obligation cesse et n'existe plus,
Lorsque dans un autre hyménée
La belle-mère est entraînée;
Quand celui des époux causant l'affinité,
Et les enfants issus du mariage
Qu'avec l'autre conjoint il avait contracté,
De la vie ont perdu l'usage.

207. Toutes les obligations
Qui sont le résultat des dispositions
Que l'on vient de voir désignées,
De réciprocité seront accompagnées.

208. Les aliments ne sont accordés que dans la proportion du besoin de celui qui les réclame, et de la fortune de celui qui les doit.

209. Lorsque celui qui fournit ou celui qui reçoit des aliments, est replacé dans un état tel, que l'un ne puisse plus en donner, ou que l'autre n'en ait plus besoin en tout ou en partie, la décharge ou réduction peut en être demandée.

210. Si la personne qui doit fournir les aliments justifie qu'elle ne peut payer la pension alimentaire, le tribunal pourra, en connaissance de cause, ordonner qu'elle recevra dans sa demeure, qu'elle nourrira et entretiendra celui auquel elle devra des aliments.

211. Le tribunal prononcera également si le père ou la mère qui offrira de rece-

208. Les aliments doivent être accordés
Dans la proportion des biens de la personne
A laquelle ils sont demandés,
Et du besoin de celle à laquelle ou les donne.

209. Lorsque l'individu qui donne
Des aliments, ou la personne
Qui les reçoit, recouvre un état tel,
Que l'un de les donner tombe dans l'impuissance,
Et que l'autre, par son aisance,
N'en ait aucun besoin entier ou partiel,
La réduction ou remise
En peut être aussitôt requise.

210. Si la personne qui doit faire
Des aliments le service ordinaire,
Démontre et peut justifier
Qu'elle est hors d'état de payer
La pension alimentaire,
Le tribunal pourra, connaissant bien l'affaire,
Ordonner qu'elle recevra
Dans le lieu de sa résidence,
Et qu'alors elle nourrira,
Et, de plus, qu'elle entretiendra
La personne à laquelle, en cette circonstance,
Des aliments elle devra.

211. Le tribunal, de la même manière,
Prononcera si le père ou la mère,

voir, nourrir et entretenir dans sa demeure
l'enfant à qui il devra des aliments, devra
dans ce cas être dispensé de payer la pension alimentaire.

CHAPITRE VI.

Des Droits et des Devoirs respectifs des Epoux.

ART. 212. Les époux se doivent mutuellement fidélité, secours, assistance.

213. Le mari doit protection à sa femme,
la femme obéissance à son mari.

214. La femme est obligée d'habiter avec
le mari, et de le suivre partout où il juge
à propos de résider : le mari est obligé de
la recevoir, et de lui fournir tout ce qui
est nécessaire pour les besoins de la vie,
selon ses facultés et son état.

Offrant de recevoir, enfin d'entretenir,
Dans sa demeure, et d'y nourrir
L'enfant auquel cette mère ou ce père
Des aliments expressément devra,
En ce cas dispensé sera
Au dit enfant de servir et de faire
La pension alimentaire.

CHAPITRE VI.

Des Droits et des Devoirs respectifs des Epoux.

212. A son époux chaque époux doit toujours
Fidélité; de plus, assistance et secours.

213. Toujours à sa femme un mari
Doit protection absolue;
Au mari, par la femme aussi,
Obéissance est toujours due.

214. D'habiter avec son mari
La femme est obligée, et doit le suivre aussi
Partout où ledit mari pense
Qu'il faut fixer sa résidence :
Mais le mari, de son côté,
De recevoir sa femme est toujours obligé,
Et tant que leur hymen subsiste,
Doit lui fournir, en résultat,
Selon ses facultés et selon son état,
Tout ce qu'il faut pour qu'elle existe,

215. La femme ne peut ester en jugement sans l'autorisation de son mari, quand même elle serait marchande publique, ou non commune, ou séparée de biens.

216. L'autorisation du mari n'est pas nécessaire lorsque la femme est poursuivie en matière criminelle ou de police.

217. La femme, même non commune ou séparée de biens, ne peut donner, aliéner, hypothéquer, acquérir à titre gratuit ou onéreux, sans le concours du mari dans l'acte, ou son consentement par écrit.

218. Si le mari refuse d'autoriser sa femme à ester en jugement, le juge peut donner l'autorisation.

219. Si le mari refuse d'autoriser sa femme à passer un acte, la femme peut

215. Femme ne peut ester en jugement,
De son mari sans être autorisée,
Quoiqu'elle soit réellement
Marchande publique avouée,
Ou non commune, ou de biens séparée.

216. L'autorisation par le mari fournie
N'est nécessaire aucunement,
Lorsque la femme est poursuivie,
Ou pour fait de police, ou criminellement.

217. Femme par hymen engagée,
Même étant non commune ou de biens séparée,
Ne peut aucunement donner,
Hypothéquer, aliéner,
Acquérir, soit qu'elle contracte,
A titre onéreux ou gratuit,
Sans le concours de son mari dans l'acte,
Ou son consentement accordé par écrit.

218. Si le mari refuse expressément
.. c donner son consentement
A la femme, pour qu'elle puisse
Dûment ester en jugement,
Elle a le droit de se faire en justice
Autoriser suffisamment.

219. S'il s'agit d'un acte à passer,
Et qu'un mari fasse à sa femme,

faire citer son mari directement devant le tribunal de première instance de l'arrondissement du domicile commun, qui peut donner ou refuser son autorisation, après que le mari aura été entendu ou dûment appelé en la chambre du conseil.

220. La femme, si elle est marchande publique, peut, sans l'autorisation de son mari, s'obliger pour ce qui concerne son négoce ; et, audit cas, elle oblige aussi son mari, s'il y a communauté entre eux.

Elle n'est pas réputée marchande publique, si elle ne fait que détailler les marchandises du commerce de son mari, mais seulement quand elle fait un commerce séparé.

Qui son consentement réclame,
Le refus de l'autoriser,
Ladite femme a droit de faire
Citer directement son mari refusant,
Devant le tribunal jugeant
Toujours en instance première
Les contestations dans l'arrondissement
Où des époux se tient le commun domicile ;
Et peut ce tribunal, dans son opinion,
Refuser ou donner l'autorisation
Afin de contracter utile,
Du conseil en la chambre après avoir ouï
Ou mandé dûment le mari.

220. La femme, publique marchande,
Sans son mari s'obligera,
Pourvu que la chose dépende
Du négoce qu'elle fera ;
Et l'obligation, audit cas consentie,
A son mari s'appliquera,
Quand la communauté sera
Entre eux deux alors établie.
La femme ne peut cependant
Être aucunement réputée
Marchande publique, en vendant
La marchandise ou la denrée
Dont son époux est commerçant ;
Mais elle est marchande publique,

221. Lorsque le mari est frappé d'une condamnation emportant peine afflictive ou infamante, encore qu'elle n'ait été prononcée que par contumace, la femme, même majeure, ne peut, pendant la durée de la peine, ester en jugement, ni contracter, qu'après s'être fait autoriser par le juge, qui peut, en ce cas, donner l'autorisation, sans que le mari ait été entendu ou appelé.

222. Si le mari est interdit ou absent, le juge peut, en connaissance de cause, autoriser la femme, soit pour ester en jugement, soit pour contracter.

223. Toute autorisation générale, même stipulée par contrat de mariage, n'est va-

Lorsqu'elle-même elle trafique
Séparément de son mari,
Et sur d'autres objets que lui.

221. Quand le mari se trouve condamné
Par jugement, duquel dérive
Peine infamante ou bien peine afflictive,
Encor qu'on ne l'ait prononcé
Et rendu que par contumace,
La femme n'a pas faculté,
Quoiqu'étant en majorité,
Pendant le temps qu'en sa durée embrasse
La peine ci-dessus, d'ester en jugement,
Ni contracter aucunement,
Qu'après avoir été dûment autorisée
Par le juge, qui peut, par sa décision,
Donner l'autorisation,
Sans qu'il ait été nécessaire
D'entendre et d'appeler l'époux dans cette affaire.

222. Du mari lorsque l'on expose
L'absence ou l'interdiction,
Le juge peut donner l'autorisation,
Mais en connaissance de cause,
Afin qu'en jugement la femme puisse ester,
Ou qu'elle puisse contracter.

223. L'autorisation générale donnée,
Même par contrat d'hyménée,

lable que quant à l'administration des bieus de la femme.

224. Si le mari est mineur, l'autorisation du juge est nécessaire à la femme, soit pour ester en jugement, soit pour contracter.

225. La nullité fondée sur le défaut d'autorisation, ne peut être opposée que par la femme, par le mari, ou par leurs héritiers.

226. La femme peut tester sans l'autorisation de son mari.

CHAPITRE VII.

De la Dissolution du Mariage.

'Art. 227. Le mariage se dissout,

1.º Par la mort de l'un des époux;

2.º Par le divorce légalement prononcé;

3.º Par la condamnation devenue définitive, de l'un des époux à une peine emportant mort civile.

Ne vandra seulement que pour la gestion
Des biens qu'aura la femme en sa possession.

224. Si le mari n'a pas majorité plénière,
L'autorisation du juge est nécessaire,
Afin qu'en jugement la femme puisse ester,
    Ou qu'elle puisse contracter.

225. La nullité qui se trouve fondée
Sur un défaut d'autorisation,
    Ne peut, en aucune façon,
    Valablement être opposée
    Que par la femme, le mari,
    Ou par leurs héritiers aussi.

226. La femme peut tester sans qu'il soit nécessaire
Que son mari l'autorise à le faire.

CHAPITRE VII.

De la Dissolution du Mariage.

227. Le mariage est constamment dissous
    1.º Par la mort de l'un des époux :

2.º Le divorce, obtenu dans la forme légale,
Dissout pareillement l'union conjugale :

    3.º Enfin, la condamnation
De l'un des deux époux à subir une peine

CHAPITRE VIII.

Des seconds Mariages.

ART. 228. La femme ne peut contracter un nouveau mariage qu'après dix mois révolus depuis la dissolution du mariage précédent.

Avec elle emportant mort civile certaine,
Opère de l'hymen la dissolution,
Dès que devient définitive
La condamnation à l'époux relative.

CHAPITRE VIII.

Des seconds Mariages.

228. Dans une nouvelle union
Femme ne peut être entraînée,
Que dix mois pleins après la dissolution
De son précédent hyménée.

~~~~~~~~~~~~~~~~~~~~~~~~~~~~~~~~~~~

TITRE SIXIÈME.

Du Divorce.

Décrété le 30 ventose an 11, promulgué le 10 germinal suivant.

CHAPITRE PREMIER.

Des Causes du Divorce.

ART. 229. Le mari pourra demander le divorce pour cause d'adultère de sa femme.

230. La femme pourra demander le divorce pour cause d'adultère de son mari, lorsqu'il aura tenu sa concubine dans la maison commune.

231. Les époux pourront réciproquement demander le divorce pour excès, sévices

TITRE SIXIÈME.

Du Divorce.

Décrété le 30 ventose an 11, promulgué le 10 germinal
suivant.

CHAPITRE PREMIER.

Des Causes du Divorce.

229. Lorsque la femme est adultère,
En pareil cas, le mari peut,
Pour cette cause, s'il le veut,
Demander le divorce à ses yeux nécessaire.

230. Lorsqu'en la commune maison,
Le mari tient sa concubine,
Un semblable fait détermine
Du mari l'adultère, et, pour cette raison,
 La femme peut demander le divorce,
Afin que son hymen soit dissous et sans force.

231. Respectivement aux époux,
Les sévices, excès, ou les graves injures

ou injures graves, de l'un d'eux envers l'autre.

232. La condamnation de l'un des époux à une peine infamante, sera pour l'autre époux une cause de divorce.

233. Le consentement mutuel et persévérant des époux, exprimé de la manière prescrite par la loi, sous les conditions et après les épreuves qu'elle détermine, prouvera suffisamment que la vie commune leur est insupportable, et qu'il existe, par rapport à eux, une cause péremptoire de divorce.

De l'un d'eux envers l'autre, offrent des causes sûres,
   De requérir que l'hymen soit dissous.

232. La condamnation de l'un des deux conjoints
   A supporter une peine infamante,
    De divorce, dans tous les points,
Sera pour l'autre époux cause très-suffisante.

   233. Des époux, le consentement
    Mutuel et persévérant,
Qu'ils expriment tous deux, en observant la forme,
    Épreuves et conditions
Auxquelles la loi veut que chacun se conforme
    En semblables occasions,
    Deviendra la preuve notoire
    Qu'ils ont besoin de vivre à part,
    Et qu'il existe, à leur égard,
De divorcer un motif péremptoire.

CHAPITRE II.

Du Divorce pour cause déterminée.

SECTION PREMIÈRE.

Des Formes du Divorce pour cause déterminée.

ART. 234. Quelle que soit la nature des faits ou des délits qui donneront lieu à la demande en divorce pour cause déterminée, cette demande ne pourra être formée qu'au tribunal de l'arrondissement dans lequel les époux auront leur domicile.

235. Si quelques-uns des faits allégués par l'époux demandeur, donnent lieu à une poursuite criminelle de la part du ministère public, l'action en divorce restera suspendue jusqu'après le jugement du tribunal criminel ; alors elle pourra être reprise, sans qu'il soit permis d'inférer du jugement criminel aucune fin de non-re-

CHAPITRE II.

Du Divorce pour cause déterminée.

SECTION PREMIÈRE.

Des Formes du Divorce pour cause déterminée.

234. Quelle que soit la nature des faits,
Ou des délits qui seront les sujets
De la demande en divorce intentée
 Pour cause alors déterminée,
 Cette demande constamment
Ne pourra se former d'une manière utile,
 Qu'au tribunal de l'arrondissement
Dans lequel les époux auront leur domicile.

235. Si, par suite des faits allégués dans l'affaire
Par l'époux demandeur, il devenait urgent
 Qu'en pareil cas, le public ministère
 Poursuivît criminellement,
L'action qu'en divorce on aurait intentée,
 Serait dès l'instant différée
 Jusques après le jugement
Du tribunal sur crimes prononçant;

cevoir ou exception préjudicielle contre l'époux demandeur.

236. Toute demande en divorce détaillera les faits ; elle sera remise, avec les pièces à l'appui, s'il y en a, au président du tribunal, ou au juge qui en fera les fonctions, par l'époux demandeur en personne, à moins qu'il n'en soit empêché par maladie; auquel cas, sur sa réquisition et le certificat de deux docteurs en médecine ou en chirurgie, ou de deux officiers de santé, le magistrat se transportera au domicile du demandeur pour y recevoir sa demande.

Pourrait, la demande susdite
Être alors reprise de suite,
Sans qu'on insérât nullement,
De la sentence criminelle,
Fin de non-recevoir, ou bien exception
Qu'on nomme préjudicielle,
Contre l'époux qui de son union
Aurait requis la dissolution.

236. Toute demande en divorce formée,
Détaillera les faits ; elle sera donnée
Avec les pièces l'appuyant,
S'il en existe en cette affaire,
Du tribunal au président,
Ou bien au juge remplissant
Cette fonction nécessaire,
Par l'époux demandeur en personne venant,
A moins que quelque maladie
Ne l'en empêche ; auquel cas seulement,
D'après sa requête fournie,
Et le certificat constant
De deux docteurs lors pratiquant
La médecine ou chirurgie,
Ou le certificat donné
Par deux officiers de santé,
Le magistrat ira de suite
Chez le demandeur précité,
Afin d'y recevoir la demande susdite.

237. Le juge, après avoir entendu le demandeur, et lui avoir fait les observations qu'il croira convenables, paraphera la demande et les pièces, et dressera procès-verbal de la remise du tout en ses mains. Ce procès-verbal sera signé par le juge et par le demandeur, à moins que celui-ci ne sache ou ne puisse signer; auquel cas il en sera fait mention.

238. Le juge ordonnera, au bas de son procès-verbal, que les parties comparaîtront en personne devant lui, au jour et à l'heure qu'il indiquera; et qu'à cet effet, copie de son ordonnance sera par lui adressée à la partie contre laquelle le divorce est demandé.

237. Le juge d'abord entendra
Le demandeur, et lui fera
Les observations qu'il croira suffisantes ;
Ce juge enfin paraphera
Les demande et pièces probantes,
Et procès-verbal dressera
Constatant que du tout la remise complète
Entre ses mains exactement est faite ;
Ledit procès-verbal sera
Signé du juge en cette conjoncture ;
De plus, le demandeur devra
Y mettre encor sa signature,
A moins pourtant que ce dernier
Ne sache ou ne puisse signer ;
Auquel cas on en devra faire
Mention expresse et sincère.

238. Quand le procès-verbal est complet et fini,
Au bas alors le juge ordonne
Que les deux époux, devant lui,
Seront tenus de paraître en personne
A l'heure ainsi qu'au jour qu'il déterminera ;
Et qu'à cet effet la copie
De son ordonnance sera
Par lui-même adressée à la seule partie
Contre laquelle il est bien décidé
Que le divorce est demandé.

239. Au jour indiqué, le juge fera aux deux époux , s'ils se présentent , ou au demandeur, s'il est seul comparant , les représentations qu'il croira propres à opérer un rapprochement : s'il ne peut y parvenir, il en dressera procès-verbal , et ordonnera la communication de la demande et des pièces au commissaire du Gouvernement, et le référé du tout au tribunal.

240. Dans les trois jours qui suivront, le tribunal, sur le rapport du président, ou du juge qui en aura fait les fonctions, et sur les conclusions du commissaire du Gouvernement, accordera ou suspendra la permission de citer. La suspension ne pourra excéder le terme de vingt jours.

239. Au jour fixé par l'ordonnance,
Le juge fait exactement
Aux deux époux venus en sa présence,
Ou bien au demandeur, s'il est seul comparant,
Les observations qu'il trouve convenables,
Et qui lui paraissent capables
D'opérer un rapprochement ;
S'il n'y parvient pas, il en dresse
Procès-verbal, et prescrit sur-le-champ
Communication expresse
De la demande enfin de chaque pièce
Au commissaire élu par le Gouvernement,
Et le référé de l'affaire
Au tribunal en la forme ordinaire.

240. Dans les trois jours suivants, le tribunal jugeant
Sur le rapport du président,
Ou du juge qui dans l'affaire
En aura fait les fonctions ;
Et d'après les conclusions
Que donnera le commissaire
Par le Gouvernement nommé,
Aura pouvoir et faculté
D'accorder ou pourra suspendre
De citer la permission ;
Mais ladite suspension
Au de-là de vingt jours ne pourra point s'étendre ;

241. Le demandeur, en vertu de la permission du tribunal, fera citer le défendeur, dans la forme ordinaire, à comparaître en personne à l'audience, à huis clos, dans le délai de la loi; il fera donner copie, en tête de la citation, de la demande en divorce et des pièces produites à l'appui.

242. A l'échéance du délai, soit que le défendeur comparaisse ou non, le demandeur en personne, assisté d'un conseil, s'il le juge à propos, exposera ou fera exposer les motifs de sa demande; il représentera les pièces qui l'appuient, et nommera les témoins qu'il se propose de faire entendre.

243. Si le défendeur comparaît en personne, ou par un fondé de pouvoir, il pourra proposer ou faire proposer ses observations, tant sur les motifs de la demande, que sur les pièces produites par le demandeur et sur les témoins par lui

241. En vertu du permis du susdit tribunal,
Le demandeur sera tenu de faire
Citer le défendeur en la forme ordinaire,
A comparoir, dans le délai légal,
A l'audience à huis clos, en personne,
Mais sur le haut de la citation,
Il faudra que toujours on donne
Copie entière, et sans omission,
De la demande et des pièces requises
Qu'à l'appui l'on aura produites et remises.

242. Du délai ci-dessus à l'expiration,
Que le défendeur vienne ou non,
Le demandeur peut, dans cette occurrence,
En personne, ayant l'assistance
D'un conseil, s'il veut s'en aider,
Exposer ou faire exposer
Les motifs sur lesquels il fonde sa demande;
Il doit représenter les pièces à l'appui,
Et, de plus, doit nommer aussi
Les témoins qu'il veut qu'on entende.

243. Lorsque le défendeur comparaît en personne
Ou par fondé de procuration,
S'il le veut, il propose et donne,
Ou bien fait proposer chaque observation
Qu'il desire que l'on entende
Sur les motifs de la demande,

nommés. Le défendeur nommera, de son côté, les témoins qu'il se propose de faire entendre, et sur lesquels le demandeur fera réciproquement ses observations.

244. Il sera dressé procès-verbal des comparutions, dires et observations des parties, ainsi que des aveux que l'une ou l'autre pourra faire. Lecture de ce procès-verbal sera donnée auxdites parties, qui seront requises de le signer; et il sera fait mention expresse de leur signature, ou de leur déclaration de ne pouvoir ou ne vouloir signer.

245. Le tribunal renverra les parties à l'audience publique, dont il fixera le jour

Sur toutes pièces à l'appui
Que le demandeur a fournies,
Et sur les personnes par lui,
Afin de témoigner, choisies;
De son côté, le défendeur
Nommera les témoins qu'alors il se propose
De faire entendre dans la cause,
Et sur lesquels le demandeur
Réciproquement pourra faire
Toute observation qu'il croira nécessaire.

244. On dressera dans la forme ordinaire
Procès-verbal des comparutions,
Des dires, observations
Des deux époux dans cette affaire,
Ainsi que de tous les aveux
Que l'un ou l'autre pourra faire;
Sera donnée à tous les deux
De ce procès-verbal une lecture entière;
Ils seront requis de signer,
Et l'on devra mentionner
Expressément leur signature,
Ou bien leur déclaration
De ne pouvoir signer la pièce en question,
Ou de ne le vouloir après cette lecture.

245. Ledit tribunal renverra
Les deux époux à l'audience

1. 13

et l'heure; il ordonnera la communication de la procédure au commissaire du gouvernement, et commettra un rapporteur. Dans le cas où le défendeur n'aurait pas comparu, le demandeur sera tenu de lui faire signifier l'ordonnance du tribunal, dans le délai qu'elle aura déterminé.

246. Au jour et à l'heure indiqués, sur le rapport du juge commis, le commissaire du gouvernement entendu, le tribunal statuera d'abord sur les fins de non-recevoir, s'il en a été proposé. En cas qu'elles soient trouvées concluantes, la demande en divorce sera rejetée; dans le cas contraire, ou s'il n'a pas été proposé de fins de non-recevoir, la demande en divorce sera admise.

Qu'on tient publiquement, dont il dira d'avance
   Le jour et l'heure : il prescrira
   Que de toute la procédure
   La communication sûre
   Soit faite au commissaire étant
   Nommé par le gouvernement,
   Et, de plus, il devra commettre
   Incontinent un rapporteur.
   Dans le cas où le défendeur
   N'aurait pas voulu comparaître,
   Sera tenu le demandeur
   De lui faire, sans négligence,
  Signifier la susdite ordonnance
  Dans le délai strictement observé,
Que la même ordonnance aura déterminé.

246. A l'heure ainsi qu'au jour prescrits,
Sur le rapport donné par le juge commis,
Après avoir ouï le susdit commissaire
Qui du gouvernement a reçu son pouvoir,
Le tribunal statue, avant que de rien faire,
   Sur les fins de non-recevoir,
  Si l'on en a proposé dans l'affaire.
   En cas qu'au tribunal susdit,
   Loin de paraître indifférentes,
   Elles paraissent concluantes,
La demande en divorce au néant se réduit :
   Dans le cas tout-à-fait contraire

247. Immédiatement après l'admission de
la demande en divorce, sur le rapport du
juge commis, le commissaire du gouvernement entendu, le tribunal statuera au
fond. Il fera droit à la demande, si elle
lui paraît en état d'être jugée; sinon, il
admettra le demandeur à la preuve des
faits pertinents par lui allégués, et le défendeur à la preuve contraire.

248. A chaque acte de la cause, les
parties pourront, après le rapport du juge,
et avant que le commissaire du gouvernement ait pris la parole, proposer ou faire
proposer leurs moyens respectifs, d'abord
sur les fins de non-recevoir, et ensuite sur

Ou s'il n'existe en aucune manière
De non-recevoir quelque fin,
La demande en divorce est admise soudain.

247. Immédiatement après l'admission
De la demande en question
Sur le rapport que devra faire
Le juge commis nommément,
Après avoir encor ouï le commissaire
Élu par le gouvernement,
Au fond le tribunal statuera promptement.
Si la demande en divorce formée
Lui paraît en état d'être par lui jugée,
Il y fera droit sur-le-champ,
Sinon il sera nécessaire
D'admettre sans retardement
Le demandeur à la preuve sincère
Des faits divers et pertinents
Allégués par lui dans l'affaire:
On doit admettre en même temps
Le défendeur à la preuve contraire.

248. De la cause à chaque acte il est libre aux conjoints,
Après le rapport néanmoins
Du juge commis dans l'affaire;
De plus, avant que du gouvernement
On ait ouï le commissaire,
De démontrer évidemment,

le fond ; mais, en aucun cas, le conseil du demandeur ne sera admis, si le demandeur n'est comparant en personne.

249. Aussitôt après la prononciation du jugement qui ordonnera les enquêtes, le greffier du tribunal donnera lecture de la partie du procès-verbal qui contient la nomination déjà faite des témoins que les parties se proposent de faire entendre. Elles seront averties, par le président, qu'elles peuvent encore en désigner d'autres, mais qu'après ce moment elles n'y seront plus reçues.

250. Les parties proposeront de suite leurs reproches respectifs contre les témoins qu'elles voudront écarter. Le tribunal statuera sur ces reproches, après avoir entendu le commissaire du Gouvernement.

Ou faire mettre en évidence,
Leurs moyens respectifs, pour les faire valoir,
Sur les fins de non-recevoir,
Ensuite sur le fond ; mais, en cette occurrence,
Du demandeur hors la présence,
Le conseil ne peut nullement
Être admis à parler au nom de son client.

249. Après que l'on aura rendu
Le jugement à fin d'enquête,
Du tribunal le greffier est tenu
De donner lecture complète,
Mais cependant du seul endroit
Du procès-verbal où l'on voit
La nomination parfaite
De ceux qu'à titre de témoins
Veulent produire les conjoints ;
Le président fera connaître
Aux deux époux, que chacun est le maître
De désigner d'autres individus,
Mais qu'après ce moment ils ne le pourront plus.

250. Chacun de son côté, les deux conjoints devront
De suite proposer les reproches à faire
Contre les témoins qu'ils voudront
Pouvoir écarter de l'affaire ;
Le tribunal, en la forme ordinaire,
Sur les reproches statuera,
Mais du gouvernement d'abord il entendra
A ce sujet le commissaire.

251. Les parents des parties, à l'exception de leurs enfants et descendants, ne sont pas reprochables du chef de la parenté, non plus que les domestiques des époux, en raison de cette qualité; mais le tribunal aura tel égard que de raison aux dépositions des parents et des domestiques.

252. Tout jugement qui admettra une preuve testimoniale, dénommera les témoins qui seront entendus, et déterminera le jour et l'heure auxquels les parties devront les présenter.

253. Les dépositions des témoins seront reçues par le tribunal séant à huis clos, en présence du commissaire du gouvernement, des parties et de leurs conseils ou

251. Des intéressés les parents,
Excepté pourtant leurs enfants
Et descendants, ne sont pas reprochables
A cause de la parenté ;
Ne sont pas non plus récusables,
A cause de leur qualité,
Les gens qui des époux sont alors au service ;
Mais pour agir avec justice,
En ce cas, le tribunal doit
Avoir tel égard que de droit
Aux dépositions, paroles et répliques
Des parents et des domestiques.

252. Par une règle générale,
Tout jugement, alors qu'il admettra
La preuve testimoniale,
Exactement dénommera
Tous les témoins qu'il sera bon d'entendre,
Et, de plus, déterminera
L'heure et le jour qu'il faudra prendre
Pour que par les intéressés
Lesdits témoins soient présentés.

253. Le tribunal, séant à huis clos, recevra
Les dépositions que devant lui fera
Chaque témoin présenté dans l'affaire,
Mais en présence cependant
Du commissaire élu par le gouvernement ;

amis, jusqu'au nombre de trois de chaque côté.

254. Les parties, par elles ou par leurs conseils, pourront faire aux témoins telles observations et interpellations qu'elles jugeront à propos, sans pouvoir néanmoins les interrompre dans le cours de leurs dépositions.

255. Chaque déposition sera rédigée par écrit, ainsi que les dires et observations auxquels elle aura donné lieu. Le procès-verbal d'enquête sera lu tant aux témoins qu'aux parties : les uns et les autres seront requis de le signer ; et il sera fait mention de leur signature, ou de leur déclaration qu'ils ne peuvent ou ne veulent signer.

Des conjoints la présence est aussi nécessaire,
    Sous l'assistance salutaire
  De leurs conseils ou bien de leurs amis,
Jusqu'au nombre de trois de chaque part admis.

254. Les deux conjoints pourront, avec des droits pareils,
    Par eux ou bien par leurs conseils,
    Faire aux témoins non reprochables
    Telles interpellations
    Qui leur paraitront convenables,
    Avec leurs observations,
Sans pouvoir néanmoins, dans le cours de la cause,
Interrompre et troubler un témoin qui dépose.

255. La déposition de chacun émanée
    Par écrit sera rédigée ;
    Les dires et réflexions,
    Avec les observations
    Qu'on aura faits à cause d'elle,
Seront de même écrits avec un soin fidèle ;
    On devra lire aux deux conjoints
    Ledit procès-verbal d'enquête,
    Qu'on lira de même aux témoins ;
    A tous de signer sera faite
    Expresse réquisition,
    Et l'on mettra la mention
    Aussitôt de leur signature
    Ou de la déclaration
Qu'ils ne peuvent signer dans cette conjoncture,
Ou bien que ce n'est point dans leur intention.

256. Après la clôture des deux enquêtes ou de celle du demandeur, si le défendeur n'a pas produit de témoins, le tribunal renverra les parties à l'audience publique, dont il indiquera le jour et l'heure; il ordonnera la communication de la procédure au commissaire du gouvernement, et commettra un rapporteur. Cette ordonnance sera signifiée au défendeur, à la requête du demandeur, dans le délai qu'elle aura déterminé.

257. Au jour fixé pour le jugement définitif, le rapport sera fait par le juge commis : les parties pourront ensuite faire, par elles-mêmes ou par l'organe de leurs conseils, telles observations qu'elles jugeront utiles à leur cause; après quoi, le commissaire du gouvernement donnera ses conclusions.

256. Quand l'une et l'autre enquête en entier sera close,
  Ou seulement celle du demandeur,
    S'il n'a pas, par le défendeur,
   Été produit de témoins dans la cause,
     Ledit tribunal renverra
     Les deux époux à l'audience
Qu'on tient publiquement, dont il dira d'avance
     Le jour et l'heure ; il prescrira
     Que de toute la procédure
     La communication sûre
     Soit faite au commissaire étant
     Nommé par le gouvernement ;
     De plus, il faudra qu'il commette
     Incontinent un rapporteur ;
     Cette ordonnance au défendeur,
     Du demandeur à la requête,
Sera signifiée avec célérité,
Dans le délai pourtant par icelle fixé.

    257. Au jour déterminé pour rendre
    Le jugement définitif,
    Le juge commis fait entendre
    Un rapport énonciatif ;
    Les susdits époux pourront faire
    Eux-mêmes immédiatement,
    Ou bien encor en employant
    De leurs conseils le ministère,
    Toutes les observations

258. Le jugement définitif sera prononcé publiquement : lorsqu'il admettra le divorce, le demandeur sera autorisé à se retirer devant l'officier de l'état civil pour le faire prononcer.

259. Lorsque la demande en divorce aura été formée pour cause d'excès, de sévices ou d'injures graves, encore qu'elle soit bien établie, les juges pourront ne pas admettre immédiatement le divorce; et alors, avant de faire droit, ils autoriseront la femme à quitter la compagnie de son mari, sans être tenue de le recevoir, si elle ne le juge à propos; et ils condamneront le mari à lui payer une pension alimentaire proportionnée à ses facultés, si la femme n'a pas elle-même des revenus suffisants pour fournir à ses besoins.

Qu'elles croiront devoir servir à leur affaire,
Et du gouvernement le susdit commissaire
   Donnera ses conclusions.

  258. Le définitif jugement
  Sera rendu publiquement :
S'il admet le divorce, alors il doit permettre
  Au demandeur d'aller trouver
  De l'état civil l'officier,
  Pour faire prononcer de suite
  Le divorce qu'il sollicite.

  259. Quand la demande en divorce suivie
  Aura pour cause des excès,
  Sévices, ou graves méfaits,
  Quoiqu'elle soit bien établie,
  Les juges pourront cependant
Ne pas admettre immédiatement
  Le divorce que l'on réclame :
En pareil cas, avant de faire droit,
  Ils autoriseront la femme
  A quitter, pour un autre endroit,
  De son mari la compagnie,
Sans qu'à le recevoir elle soit asservie,
  Si ce n'est point sa volonté ;
  Le mari sera condamné
  A lui payer, en cette circonstance,
  Alimentaire pension,

260. Après une année d'épreuve, si les parties ne se sont pas réunies, l'époux demandeur pourra faire citer l'autre époux à comparaître au tribunal, dans les délais de la loi, pour y entendre prononcer le jugement définitif, qui pour lors admettra le divorce.

261. Lorsque le divorce sera demandé par la raison qu'un des époux est condamné à une peine infamante, les seules formalités à observer consisteront à présenter au tribunal civil une expédition en bonne forme du jugement de condamnation, avec un certificat du tribunal criminel, portant que ce même jugement n'est plus susceptible d'être réformé par aucune voie légale.

De ses moyens dans la proportion,
Si la femme n'a pas alors en sa puissance
Des revenus qui suffisent au moins
Pour subvenir à ses besoins.

260. L'époux demandeur est le maître
De faire citer l'autre époux
Au tribunal, pour comparaître
Dans les délais que la loi donne à tous;
Le tout pourtant quand les parties,
D'épreuve après un an, ne sont pas réunies,
Afin d'entendre prononcer
Le jugement qu'il faut qu'on rende,
En pareil cas, définitivement,
Et qui pour lors admettra sur-le-champ
Le divorce que l'on demande.

261. Quand le divorce est demandé
Par la raison très-suffisante
Qu'un des époux est condamné
A supporter une peine infamante,
Il suffira, dans ce cas, d'observer
Une formalité, laquelle est de porter
Au tribunal civil, qui du fait doit connaître,
En bonne forme, une expédition
Du jugement de condamnation;
Mais, de plus, il faudra remettre
Certificat du tribunal jugeant

262. En cas d'appel du jugement d'admission ou du jugement définitif, rendu par le tribunal de première instance en matière de divorce, la cause sera instruite et jugée par le tribunal d'appel, comme affaire urgente.

263. L'appel ne sera recevable qu'autant qu'il aura été interjeté dans les trois mois, à compter du jour de la signification du jugement rendu contradictoirement ou par défaut. Le délai pour se pourvoir au tribunal de cassation contre un jugement en dernier ressort, sera aussi de trois mois, à compter de la signification. Le pourvoi sera suspensif.

Les causes criminellement,
Portant qu'on ne peut plus admettre
Aucune voie afin de réformer
Le jugement dont on vient de parler.

262. La cause est instruite et jugée
Au tribunal d'appel comme affaire pressée,
Dans le cas d'appellation
Du jugement d'admission,
Ou quand on fait appel, par la voie ordinaire,
Du définitif jugement
Rendu de divorce en matière
Par le tribunal décidant
Les causes d'instance première.

263. L'appel n'est jamais recevable
Qu'autant qu'il est interjeté
Dans les trois mois, depuis qu'on a signifié
Le jugement, en la forme valable,
Contradictoirement rendu,
Ou bien par défaut obtenu :
Semblable délai doit s'admettre
Pour se pourvoir avec raison
Au tribunal dit de Cassation,
Contre un jugement qu'on sait être
En dernier ressort prononcé.
Le pourvoi, dans ce cas, suspensif est censé.

264. En vertu de tout jugement rendu en dernier ressort, ou passé en force de chose jugée, qui autorisera le divorce, l'époux qui l'aura obtenu sera obligé de se présenter, dans le délai de deux mois, devant l'officier de l'état civil, l'autre partie dûment appelée, pour faire prononcer le divorce.

265. Ces deux mois ne commenceront à courir, à l'égard des jugements de première instance, qu'après l'expiration du délai d'appel; à l'égard des jugements rendus par défaut en cause d'appel, qu'après l'expiration du délai d'opposition; et à l'égard des jugements contradictoires en dernier ressort, qu'après l'expiration du délai du pourvoi en cassation.

264. De tout jugement en vertu,
   Lorsqu'il permet que l'on divorce,
Et qu'en dernier ressort il se trouve rendu,
Ou de chose jugée aussitôt qu'il a force,
   L'époux demandeur, sans retard,
   Est obligé de comparaître,
Dans le délai de deux mois au plus tard,
   Devant l'officier qu'on sait être
   A l'état civil préposé,
   L'autre époux dûment appelé,
   Pour faire prononcer de suite
   Le divorce qu'il sollicite.

265. Ce laps de temps que l'on vient d'établir
   Ne doit commencer à courir,
Pour jugements rendus en instance première,
Qu'à l'expiration du délai de l'appel ;
Pour jugements rendus sur un appel formel,
   Mais par défaut en la forme ordinaire,
Ces deux mois ne courront qu'à l'expiration
   Du délai d'opposition ;
Enfin ils ne pourront commencer, en matière
De jugements rendus contradictoirement,
   En dernier ressort, qu'à l'instant
   De l'expiration entière
   Du délai fixé par la loi,
Pour qu'en cassation on forme le pourvoi.

266. L'époux demandeur qui aura laissé passer le délai de deux mois ci-dessus déterminé, sans appeler l'autre époux devant l'officier de l'état civil, sera déchu du bénéfice du jugement qu'il avait obtenu, et ne pourra reprendre son action en divorce, sinon pour cause nouvelle; auquel cas il pourra néanmoins faire valoir les anciennes.

SECTION II.

Des mesures provisoires auxquelles peut donner lieu la demande en divorce pour cause déterminée.

ART. 267. L'administration provisoire des enfants restera au mari demandeur ou défendeur en divorce, à moins qu'il n'en soit autrement ordonné par le tribunal, sur la demande, soit de la mère, soit de la

266, Tout époux demandeur ayant laissé passer
Le délai de deux mois que l'on vient d'énoncer,
  Sans appeler l'autre époux à paraitre
    Devant l'officier qu'on sait être
    A l'état civil, est déchu
    De l'effet et du bénéfice
  Du jugement qu'il avait obtenu,
    Sans que, pour divorcer il puisse,
    Reprendre alors son action,
    A moins qu'en cette occasion
    Nouveaux motifs il ne fournisse ;
Auquel cas néanmoins il aura le pouvoir
Tous les anciens motifs de faire encur valoir,

SECTION II.

Des mesures provisoires auxquelles peut
  donner lieu la demande en divorce pour
  cause déterminée.

267, L'administration provisoire et précaire
Des enfants doit rester au mari demandeur
    En divorce, ou bien défendeur,
    A moins que, d'une autre manière,
    Il n'en soit alors ordonné,
    Par le tribunal assemblé,
    Sur la demande de la mère,

famille, ou du commissaire du gouvernement, pour le plus grand avantage des enfants.

268. La femme demanderesse ou défenderesse en divorce pourra quitter le domicile du mari pendant la poursuite, et
demander une pension alimentaire proportionnée aux facultés du mari. Le tribunal indiquera la maison dans laquelle
la femme sera tenue de résider, et fixera,
s'il y a lieu, la provision alimentaire que
le mari sera obligé de lui payer.

269. La femme sera tenue de justifier
de sa résidence dans la maison indiquée,
toutes les fois qu'elle en sera requise : à
défaut de cette justification, le mari pourra
refuser la provision alimentaire, et, si la
femme est demanderesse en divorce, la
faire déclarer non-recevable à continuer
ses poursuites.

De la famille, ou bien du commissaire
  Élu par le gouvernement,
  Pour plus grand bien de chaque enfant.

268. Pourra femme demanderesse
  En divorce, ou défenderesse,
Quitter, pendant le temps du divorce suivi,
  Le domicile du mari,
  Et demander qu'on lui défère
  Provision alimentaire,
D'après les facultés que son époux aura.
  Le tribunal indiquera d'avance
La maison où la femme aura sa résidence,
  Et, de plus, déterminera,
  Si cet objet est nécessaire,
  La pension alimentaire
  Que ledit mari lui paiera.

269. Chaque fois qu'elle en est requise,
  La femme doit être soumise
  A justifier qu'elle fait
  Une résidence ordinaire
Dans la maison fixée à cet effet :
  A défaut, par elle, de faire
  Cette justification,
  Le mari peut, sans qu'on le blâme,
  Refuser la provision.
Et lorsque le divorce est requis par la femme,

270. La femme commune en biens, demanderesse ou défenderesse en divorce,
pourra, en tout état de cause, à partir
de la date de l'ordonnance dont il est fait
mention en l'art. 238, requérir, pour la
conservation de ses droits, l'apposition des
scellés sur les effets mobiliers de la communauté. Ces scellés ne seront levés qu'en
faisant inventaire avec prisée, et à la charge,
par le mari, de représenter les choses inven-
toriées, ou de répondre de leur valeur
comme gardien judiciaire.

271. Toute obligation contractée par le
mari à la charge de la communauté,
toute aliénation par lui faite des immeubles qui en dépendent, postérieurement

Faire déclarer, en ce cas,
Que ladite femme n'est pas
Recevable à donner de suites,
Pour divorcer, à ses poursuites.

270. Étant commune en biens, femme demanderesse
En divorce, ou défenderesse,
Pourra, pour conserver ses droits à son profit,
En tout état de cause, à partir de la date
De l'ordonnance que relate
L'article deux cent trente-huit,
Requérir qu'on mette de suite,
Et qu'on appose tout exprès
Des scellés sur tous les effets
De la communauté susdite :
Ces scellés on ne lèvera
Qu'en ayant soin alors de faire
Avec prisée un inventaire ;
Et le mari se chargera
De représenter sans mystère
Tout ce qu'on inventoriera,
Ou répondra de la valeur entière,
Comme gardien judiciaire.

271. Toute obligation par l'époux contractée,
Sur la communauté frappant,
L'aliénation aussi par lui formée
Des immeubles en dépendant

à la date de l'ordonnance dont il est fait mention en l'article 238, sera déclarée nulle, s'il est prouvé d'ailleurs qu'elle a été faite ou contractée en fraude des droits de la femme.

Des fins de non-recevoir contre l'action en divorce pour cause déterminée.

ART. 272. L'action en divorce sera éteinte par la réconciliation des époux, survenue, soit depuis les faits qui auraient pu autoriser cette action, soit depuis la demande en divorce.

273. Dans l'un et l'autre cas, le demandeur sera déclaré non-recevable dans son action; il pourra néanmoins en intenter une nouvelle pour cause survenue depuis

Postérieurement à la susdite date
   De l'ordonnance que relate
   L'article que l'on voit écrit
   Au nombre deux cent trente-huit,
   Nulle doit être déclarée,
   Lorsqu'il est prouvé toutefois
Que le susdit époux l'a faite ou contractée
   De la femme en fraude des droits.

SECTION III.

Des fins de non-recevoir contre l'action en divorce pour cause déterminée.

   272. La réconciliation
   Des époux rend anéantie
   En divorce toute action,
   Soit qu'elle ait été consentie
Depuis les faits ayant servi d'occasion
   A l'action sus-exprimée,
Soit depuis la demande en divorce formée.

   273. En l'un et l'autre cas, on doit, au préalable,
   Dans son action déclarer
   Le demandeur non-recevable ;
   Pourtant il peut en intenter

la réconciliation, et alors faire usage des anciennes causes pour appuyer sa nouvelle demande.

274. Si le demandeur en divorce nie qu'il y ait eu réconciliation, le défendeur en fera preuve, soit par écrit, soit par témoins, dans la forme prescrite en la première section du présent chapitre.

CHAPITRE III.

Du Divorce par consentement mutuel.

ART. 275. Le consentement mutuel des époux ne sera point admis, si le mari a moins de vingt-cinq ans, ou si la femme est mineure de vingt-un ans.

Une nouvelle en assurance,
Pour cause ayant reçu naissance
Depuis que les époux sont réconciliés ;
Alors, s'il le veut, il rappelle
Les anciens motifs oubliés,
Pour appuyer sa demande nouvelle.

274. Lorsque le demandeur en divorce dénie
La réconciliation,
Par l'époux défendeur, en cette occasion,
La preuve en doit être fournie,
Soit par témoins, soit par écrit,
En observant, dans cette affaire,
Exactement la forme que prescrit
Du chapitre présent la section première.

CHAPITRE III.

Du Divorce par consentement mutuel.

275. Des époux le consentement
Exprimé mutuellement
Pour divorce, ne peut s'admettre,
Si le mari ne fait connaître
Qu'il est âgé de vingt-cinq ans parfaits,
Ou si la femme a moins de vingt-un ans complets,

276. Le consentement mutuel ne sera admis qu'après deux ans de mariage.

277. Il ne pourra plus l'être après vingt ans de mariage, ni lorsque la femme aura quarante-cinq ans.

278. Dans aucun cas, le consentement mutuel des époux ne suffira s'il n'est autorisé par leurs pères et mères, ou par leurs autres ascendants vivants, suivant les règles prescrites par l'article 150, chapitre premier du titre *du Mariage*.

279. Les époux déterminés à opérer le divorce par consentement mutuel, seront tenus de faire préalablement inventaire et estimation de tous leurs biens meubles et immeubles, et de régler leurs droits respectifs, sur lesquels il leur sera néanmoins libre de transiger.

276. Pour divorcer valablement,
Les époux ne feront usage
Du mutuel consentement
Qu'après deux ans de mariage.

277. Il ne pourra plus être admis
Après vingt ans de mariage,
Ni quand la femme aura pour âge
Quarante-cinq ans accomplis.

278. Le mutuel consentement
Des époux, en nul cas, ne sera suffisant,
S'il n'est autorisé par l'avis de leurs pères
Comme par celui de leurs mères,
Ou de leurs autres ascendants
A cette époque encor vivants,
En observant avec un soin extrême
Toutes les règles que prescrit
L'article que l'on voit écrit
Sous le nombre cent cinquantième,
Du mariage au titre même.

279. De divorcer, sans équivoque,
Par consentement réciproque,
Quand les époux ont pris la résolution,
Alors, ils sont tenus de faire,
Au préalable, un inventaire,
Ainsi qu'une estimation
De tous leurs biens, tant de ceux qui sont meubles

280. Ils seront pareillement tenus de constater par écrit leurs conventions sur les trois points qui suivent :

1.º A qui les enfants nés de leur union seront confiés, soit pendant le temps des épreuves, soit après le divorce prononcé;

2.º Dans quelle maison la femme devra se retirer et résider pendant le temps des épreuves;

3.º Quelle somme le mari devra payer à sa femme pendant le même temps, si elle n'a pas des revenus suffisants pour fournir à ses besoins.

281. Les époux se présenteront ensemble, et en personne, devant le président du tribunal civil de leur arrondissement, ou devant le juge qui en fera la fonction, et lui feront la déclaration de leur volonté, en présence de deux notaires amenés par eux.

Que de ceux qu'on appelle immeubles;
De plus, ils sont tenus de régler tous leurs droits,
Sur lesquels ils pourront transiger toutefois.

280. Pareillement, il faudra qu'ils écrivent
Une convention sur les trois points qui suivent :

1º. A qui les divers enfants nés
De leur hymen seront donnés,
Soit pendant tout le temps des épreuves prescrites,
Soit après le divorce une fois prononcé ;

2º. Dans quel endroit la femme aura la faculté,
Pendant le temps des épreuves susdites,
D'aller se retirer afin d'y résider.

3º. Quelle somme l'époux devra dès-lors payer,
Pendant le même temps, à la femme qui prouve
Qu'elle n'a pas revenus suffisants
Pour subvenir aussi long-temps
Aux divers besoins qu'elle éprouve.

281. Ensemble et personnellement,
Pour procéder d'une manière utile,
Les deux époux iront devant le président
Du tribunal civil de l'arrondissement
Dans lequel ils auront fixé leur domicile,
Ou devant le juge en faisant
Les fonctions dans ce moment ;
Aussitôt ils devront lui faire

282. Le juge fera aux deux époux réunis, et à chacun d'eux en particulier, en présence des deux notaires, telles représentations et exhortations qu'il croira convenables; il leur donnera lecture du chapitre IV du présent titre, qui règle les *Effets du Divorce*, et leur développera toutes les conséquences de leur démarche.

283. Si les époux persistent dans leur résolution, il leur sera donné acte, par le juge, de ce qu'ils demandent et consentent mutuellement au divorce; et ils seront tenus de produire et déposer à l'instant,

La déclaration sincère
De leur volonté, mais seront
Toujours présents à cette affaire,
Deux notaires qu'ils choisiront,
Et qu'avec eux ils conduiront.

282. Il faut que ce juge commence
Par faire aux deux époux, réunis pour l'instant,
Ainsi qu'à chacun d'eux particulièrement,
Des deux notaires en présence,
Telles représentations
Et telles exhortations
Qui lui paraîtront raisonnables
Et qu'il jugera convenables;
Il faudra qu'il leur lise après
Tout le quatrième chapitre,
Qui règle, dans le présent titre,
Du divorce tous les effets,
Enfin, qu'il leur démontre exprès
Les divers dangers que présente
Cette démarche inconséquente.

283. Si les époux dont il est question
Gardent leur résolution,
Le juge aussitôt leur donne acte
De ce que le divorce est par eux demandé
Et par chacun d'eux accordé;
Alors, d'une manière exacte;

entre les mains des notaires, outre les actes mentionnés aux articles 279 et 280 :

1°. Les actes de leur naissance et celui de leur mariage ;

2°. Les actes de naissance et de décès de tous les enfants nés de leur union ;

3°. La déclaration authentique de leurs pères et mères, ou autres ascendants vivants, portant que, pour les causes à eux connues, ils autorisent tel *ou* telle, leur fils *ou* fille, petit-fils *ou* petite-fille, marié *ou* mariée à tel *ou* telle, à demander le divorce et à y consentir. Les pères, mères, aïeuls et aïeules des époux seront présumés vivants, jusqu'à la représentation des actes constatant leur décès.

Ils seront tenus constamment
De déposer et produire à l'instant,
 Outre les actes nécessaires
 Que l'on vient de voir énoncés
 Aux articles numérotés
 Deux cent soixante-dix-neuvième,
 De plus, deux cent quatre-vingtième,

 1.° Les divers actes constatant
Leur naissance et l'hymen dont le joug les offense;

 2.° Tous les actes établissant
 La mort ainsi que la naissance
De leurs enfants, mais de ceux seulement
Qui de leur union ont reçu l'existence.

3.° La déclaration faite authentiquement
 Par chacun de leurs père et mère,
 Ou bien par chaque autre ascendant
 Qui n'a point fini sa carrière,
Portant que pour motifs qui leur sont bien connus
 Ils accordent sans nul refus
 Autorisation réelle
A telle ou tel, leur fille ou fils, si c'est ainsi,
Petite-fille enfin, ou petit-fils aussi,
Mariée avec tel, ou bien mari de telle,
 Afin qu'ils puissent consentir
 Au divorce et le requérir;
 Et dans cette affaire importante,

284. Les notaires dresseront procès-verbal détaillé de tout ce qui aura été dit et fait en exécution des articles précédents; la minute en restera au plus âgé des deux notaires, ainsi que les pièces produites, qui demeureront annexées au procès-verbal, dans lequel il sera fait mention de l'avertissement qui sera donné à la femme de se retirer, dans les vingt-quatre heures, dans la maison convenue entre elle et son mari, et d'y résider jusqu'au divorce prononcé.

285. La déclaration ainsi faite sera renouvelée dans la première quinzaine de chacun des quatrième, septième et dixième mois qui suivront, en observant les

Les père et mère des époux,
Aïeules comme aïeuls, seront présumés tous
Vivants, jusqu'à ce qu'on présente
Actes établissant que leur mort est constante.

284. Les notaires devront dresser
Procès-verbal, dans un détail sincère,
De tout ce qu'on aura pu faire
Et dire, pour se conformer
A chaque article qui précède ;
Le plus âgé des deux possède
La minute, et doit la garder,
Ainsi que les pièces données,
Qui demeureront annexées
Au procès-verbal, dans lequel
Il sera fait mention claire
De l'avertissement réel
Qu'à la femme il faut qu'on défère,
De se rendre et se retirer
Sous vingt-quatre heures, sans tarder,
En la maison convenue à l'avance,
Entre la femme et son époux,
Pour y faire sa résidence,
Jusqu'à ce que l'hymen soit déclaré dissous.

285. La déclaration faite et reçue ainsi
Se renouvellera, sans que l'on s'en abstienne,
Pendant la première quinzaine

mêmes formalités. Les parties seront obligées à rapporter chaque fois la preuve, par acte public, que leurs pères, mères ou autres ascendants vivants, persistent dans leur première détermination ; mais elles ne seront tenues à répéter la production d'aucun autre acte.

286. Dans la quinzaine du jour où sera révolue l'année, à compter de la première déclaration, les époux, assistés chacun de deux amis, personnes notables dans l'arrondissement, âgés de cinquante ans au moins, se présenteront ensemble et en personne, devant le président du tribunal ou le juge qui en fera les fonctions ; ils lui remettront les expéditions en bonne forme, des quatre procès-verbaux contenant leur consentement mutuel, et de tous les actes qui y auront été annexés,

Du quatrième mois qui suit,
Et de chacun des septième et dixième
Qui se trouveront suivre aussi ;
Quant aux formalités, on agira de même
Qu'il est précédemment tracé.
Chaque conjoint sera forcé
De fournir preuve nécessaire,
Par un acte formel publiquement dressé,
Que son père ainsi que sa mère,
Ou que ses autres ascendants
Qui n'ont point fini leur carrière,
Sont encore persévérants
Dans leur intention première ;
Mais ces susdits époux ne seront point tenus
De reproduire aucun acte de plus.

286. Dans la quinzaine succédant
Au jour où sera terminée
Et complètement achevée
L'année, à compter du moment
Où les époux sont venus faire
La déclaration première,
Ces époux assistés chacun de deux amis
Dans l'arrondissement choisis,
De cinquante ans au moins chacun d'eux ayant l'âge,
Et pouvant s'appeler notables personnages,
Iront ensemble, et personnellement,
Devant le juge ayant la présidence

et requerront du magistrat, chacun séparément, en présence néanmoins l'un de
l'autre et des quatre notables, l'admission
du divorce.

287. Après que le juge et les assistants
auront fait leurs observations aux époux,
s'ils persévèrent, il leur sera donné acte de
leur réquisition, et de la remise par eux
faite des pièces à l'appui : le greffier du
tribunal dressera procès-verbal, qui sera
signé tant par les parties (à moins qu'elles
ne déclarent ne savoir ou ne pouvoir signer, auquel cas il en sera fait mention),
que par les quatre assistants, le juge et le
greffier.

Du tribunal, ou par-devant
Le juge qui, dans son absence,
De président fera les fonctions ;
Ils devront lui fournir les expéditions,
En bonnes formes délivrées,
Des procès-verbaux contenant
Leur mutuel consentement,
Et des autres pièces restées
Au procès-verbal annexées,
Et du magistrat à l'instant
Ils requerront, chacun séparément,
Mais tous les deux présents, avec chaque notable,
Du divorce voulu l'admission valable.

287. Après que les quatre assistants
Et que le juge en même-temps
Auront chacun, en sa prudence,
Fait aux époux leurs observations
Ainsi que leurs réflexions,
Dans le cas de persévérance,
De leur demande acte on leur donnera,
Et de la remise complète
Des pièces à l'appui que tous deux auraient faite,
Du tribunal le greffier dressera
Procès-verbal, lequel signé sera
Tant par les deux conjoints (à moins qu'en cette affaire
Ils n'aient l'excuse nécessaire
De ne savoir ou ne pouvoir signer,

288. Le juge mettra de suite au bas de ce procès-verbal son ordonnance portant que, dans les trois jours, il sera par lui référé du tout au tribunal en la chambre du conseil, sur les conclusions par écrit du commissaire du Gouvernement, auquel les pièces seront, à cet effet, communiquées par le greffier.

289. Si le commissaire du Gouvernement trouve dans les pièces la preuve que les deux époux étaient âgés, le mari de vingt-cinq ans, la femme de vingt-un ans, lorsqu'ils ont fait leur première déclaration; qu'à cette époque ils étaient mariés depuis deux ans; que le mariage ne remontait pas à plus de vingt; que la femme avait moins de quarante-cinq ans; que le consentement mutuel a été exprimé

Auquel cas mention devra toujours s'en faire),
Que par les assistants, le juge et le greffier.

    288. Au bas de ce procès-verbal
    Le juge dudit tribunal
    Mettra de suite et sans mystère
    Son ordonnance, qui dira
    Que dans les trois jours il sera
    Par lui référé de l'affaire
Au tribunal, qui se réunira,
Pour ce fait, du conseil en la chambre ordinaire,
Sur les conclusions que par écrit sera
    Celui qui sera commissaire
    Élu par le Gouvernement,
    Auquel les pièces déposées
Seront, à cet effet, sans nul retardement,
    Par le greffier communiquées.

289. Si du Gouvernement le susdit commissaire,
D'après les pièces, voit la preuve exacte et claire
Qu'au mari vingt-cinq ans étaient vraiment acquis
Et que la femme avait vingt-un ans accomplis,
    Lorsque tous deux sont venus faire
    Leur déclaration première;
    Qu'à cette époque ils étaient mariés
Depuis deux ans tout-à-fait écoulés;
    Qu'à plus de vingt le mariage
    Ne remontait pas dans ce temps,

quatre fois dans le cours de l'année : après les préalables ci-dessus prescrits, et avec toutes les formalités requises par le présent chapitre, notamment avec l'autorisation des pères et mères des époux, ou avec celles de leurs autres ascendants vivants, en cas de prédécès des pères et mères, il donnera ses conclusions en ces termes : *La loi permet;* dans le cas contraire, ses conclusions seront en ces termes : *La loi empêche.*

290. Le tribunal, sur le référé, ne pourra faire d'autres vérifications que celles in-

Et que de quarante-cinq ans
La femme aussi n'avait pas l'âge ;
Que le consentement par chacun d'eux donné,
De rompre les nœuds d'hyménée
A régulièrement été
Exprimé quatre fois dans le cours de l'année:
Après les divers préalables
Que l'on voit ci-dessus tracés,
Et toutes les formalités
Qu'exige et rend inévitables
Le contenu du chapitre présent,
Lesdits époux ayant eu notamment
L'autorisation du père et de la mère
De chacun d'eux, et celle nécessaire
Des autres ascendants lors encore existants,
En cas de prédécès des pères,
Et de plus prédécès des mères,
Le commissaire alors fait ses conclusions,
En usant des expressions
Que l'on voit ci-dessous tracées :
La loi permet; dans le cas différent,
Les conclusions exigées,
Par lui seront alors données
En ces termes : *la loi défend.*

290. Le tribunal, d'après le référé,
Ne peut vérifier que les choses qu'indique

diquées par l'article précédent. S'il en résulte que, dans l'opinion du tribunal, les parties ont satisfait aux conditions et rempli les formalités déterminées par la loi, il admettra le divorce, et renverra les parties devant l'officier de l'état civil, pour le faire prononcer ; dans le cas contraire, le tribunal déclarera qu'il n'y a pas lieu à admettre le divorce, et déduira les motifs de la décision.

291. L'appel du jugement qui aurait déclaré ne pas y avoir lieu à admettre le divorce, ne sera recevable qu'autant qu'il sera interjeté par les deux parties, et néanmoins par actes séparés, dans les dix jours au plus tôt, et au plus tard dans les vingt

L'article ci-dessus cité,
Si le résultat authentique
Est que le tribunal, dans son opinion,
Trouve que les époux, en cette occasion,
Ont satisfait à chaque clause,
Et rempli sans omission
Chaque forme et condition
Qu'en ce cas la loi leur impose ;
Il admettra le divorce exigé,
Et renverra les époux à paraître
Devant l'officier qu'on sait être
A l'état civil préposé,
Par lequel il sera sur le champ prononcé.
Le tribunal, au cas contraire,
Déclarera qu'en aucune manière
Le divorce qu'on a requis
Ne doit pas être alors admis.
Mais aussitôt il faudra qu'il expose
De la décision les motifs et la cause.

291. L'appel du jugement qui n'aurait pas admis
Le divorce d'abord requis,
Ne sera jamais recevable
Que par les deux époux étant interjeté,
Et, de plus, pour qu'il soit valable,
Par actes séparés, il faut qu'il soit formé
Dans les dix jours au plutôt de la date
Du jugement qui porte et qui constate

jours de la date du jugement de première instance.

292. Les actes d'appel seront réciproquement signifiés tant à l'autre époux qu'au commissaire du Gouvernement près du tribunal de première instance.

293. Dans les dix jours à compter de la signification qui lui aura été faite du second acte d'appel, le commissaire du Gouvernement près du tribunal de première instance fera passer au commissaire du Gouvernement près du tribunal d'appel, l'expédition du jugement et les pièces sur lesquelles il est intervenu. Le commissaire près du tribunal d'appel donnera ses conclusions par écrit, dans les dix jours qui suivront la réception des pièces; le président ou le juge qui le suppléera, fera son rapport au tribunal d'appel en la chambre du conseil, et il sera statué définitivement dans les dix jours qui suivront la remise des conclusions du commissaire.

Du divorce requis le rejet et l'écart,
    Et dans les vingt jours au plus tard.

292. Tous les actes d'appel seront, des deux côtés,
    Exactement signifiés
  A l'autre époux, de plus, au commissaire
    Élu par le Gouvernement
    Auprès du tribunal jugeant
    Les causes d'instance première.

293. Dans les dix jours depuis qu'avec la forme exacte
    On aura très-expressément
  Signifié d'appel le second acte
Au commissaire élu par le Gouvernement,
    Auprès du tribunal jugeant
    Les causes d'instance première,
    Celui-ci, sans retardement,
    Fera passer au commissaire
Du tribunal d'appel une copie entière
    Du jugement intervenu,
    Avec les pièces de l'affaire
    Sur lesquelles on l'a rendu.
Du tribunal d'appel, le susdit commissaire
    Donnera, sans omission,
    Ses conclusions manuscrites
  Dans les dix jours de la réception
    De toutes les pièces susdites;
    Du tribunal le président,

294. En vertu du jugement qui admettra le divorce, et dans les vingt jours de sa date, les parties se présenteront ensemble et en personne, devant l'officier de l'état civil, pour faire prononcer le divorce. Ce délai passé, le jugement demeurera comme non avenu.

CHAPITRE IV.

Des Effets du divorce.

ART. 295. Les époux qui divorceront pour quelque cause que ce soit, ne pourront plus se réunir.

Ou le juge le suppléant,
Au tribunal d'appel son rapport devra faire,
 Mais du conseil en la chambre ordinaire,
Alors on statuera définitivement,
Dans les dix jours après qu'auront été remises
  Les conclusions qu'aura prises
Le commissaire élu par le Gouvernement.

 294. Ensemble et personnellement,
D'après le jugement qui porte et qui constate
 Que le divorce est admis fixément,
  Et dans les vingt jours de sa date,
  Les deux époux iront trouver
  De l'état civil l'officier,
Pour faire prononcer aussitôt le divorce.
  Une fois ce délai passé,
  Le jugement sera censé
Comme non existant, et restera sans force.

CHAPITRE IV.

Des Effets du divorce.

295. Les époux qui rompront le nœud qui les rassemble,
  Pour quelque cause que ce soit,
  Ne pourront plus avoir le droit,
  Comme époux, d'être unis ensemble.

296. Dans le cas de divorce prononcé pour cause déterminée, la femme divorcée, ne pourra se remarier que dix mois après le divorce prononcé.

297. Dans le cas de divorce par consentement mutuel, aucun des deux époux ne pourra contracter un nouveau mariage que trois ans après la prononciation du divorce.

298. Dans le cas de divorce admis en justice pour cause d'adultère, l'époux coupable ne pourra jamais se marier avec son complice. La femme adultère sera condamnée par le même jugement, et sur la réquisition du ministère public, à la réclusion dans une maison de correction, pour un temps déterminé, qui ne pourra être moindre de trois mois, ni excéder deux années.

296. Quand le divorce est prononcé
Pour un motif déterminé,
La femme divorcée, et pourtant qui s'engage
D'un nouvel hymen sous les lois,
Ne peut le faire que dix mois
Après avoir rompu son premier mariage.

297. Au cas d'un divorce formel
Par consentement mutuel,
A contracter un second mariage,
Nul époux admis ne sera,
Que trois ans après qu'on aura
Prononcé le divorce, ainsi qu'il est d'usage.

298. Lorsque le divorce en justice
Pour adultère on admettra,
L'époux coupable ne pourra
Jamais épouser son complice.
Le même jugement devra
Condamner la femme adultère,
Sur la demande qu'en fera,
A son égard, le public ministère,
A souffrir la réclusion
Dans un lieu de correction.
De cette peine la durée
Sera toujours déterminée;
Elle ne pourra pas durer plus de deux ans,
Trois mois seront le moindre temps.

299. Pour quelque cause que le divorce ait lieu, hors le cas du consentement mutuel, l'époux contre lequel le divorce aura été admis perdra tous les avantages que l'autre époux lui avait faits, soit par leur contrat de mariage, soit depuis le mariage contracté.

300. L'époux qui aura obtenu le divorce conservera les avantages à lui faits par l'autre époux, encore qu'ils aient été stipulés réciproques, et que la réciprocité n'ait pas lieu.

301. Si les époux ne s'étaient fait aucun avantage, ou si ceux stipulés ne paraissaient pas suffisants pour assurer la subsistance de l'époux qui a obtenu le divorce, le tribunal pourra lui accorder, sur les biens de l'autre époux, une pension alimentaire, qui ne pourra excéder le tiers des revenus de cet autre époux. Cette pension sera révocable, dans le cas où elle cesserait d'être nécessaire.

299. Du divorce quel que puisse être
   Le motif, hors le cas pourtant
   Du mutuel consentement,
L'époux contre lequel on l'aura fait admettre,
   De ce divorce, par l'effet,
   Doit perdre alors chaque avantage
   Que de l'autre époux il tenait
   Par le contrat de mariage,
Ou bien depuis que l'hymen est parfait.

300. L'époux ayant obtenu le divorce,
   Devra conserver dans leur force
   Les avantages qu'il tenait
   De l'autre époux, quoiqu'en effet
La réciprocité leur ait donné naissance,
   Et que, dans cette circonstance,
La réciprocité n'ait pas lieu par le fait.

301. Si les individus unis en mariage
   Ne s'étaient fait nul avantage,
   Ou bien si ceux qu'ils auraient stipulés,
   Suffisants n'étaient pas jugés
   Pour assurer la subsistance
   De l'époux ayant obtenu
   Que leur hymen serait rompu,
   Le tribunal a la puissance
D'obliger l'autre époux, en cette occasion,
Sur les biens dont il est maître et propriétaire,

302. Les enfants seront confiés à l'époux qui a obtenu le divorce, à moins que le tribunal, sur la demande de la famille ou du commissaire du Gouvernement, n'ordonne pour le plus grand avantage des enfants, que tous ou quelques-uns d'eux seront confiés aux soins, soit de l'autre époux, soit d'une tierce personne.

303. Quelle que soit la personne à laquelle les enfants seront confiés, les père et mère conserveront respectivement le droit de surveiller l'entretien et l'éducation de leurs enfants, et seront tenus d'y contribuer à proportion de leurs facultés.

A payer une pension
Que l'on appelle alimentaire,
Et qui ne pourra pas excéder, en nul point,
Le tiers des revenus de cet autre conjoint.
Si cette pension n'était plus 'nécessaire,
La révocation pourrait alors s'en faire.

302. A l'époux, ayant obtenu
Que le divorce fût conclu,
Des enfants nés de l'hyménée
La garde sera confiée,
A moins qu'en ce cas important,
Sur la demande que peut faire
La famille où le commissaire
Élu par le Gouvernement,
Le susdit tribunal n'ordonne,
Pour l'avantage le plus grand
Des enfants qu'à garder il donne,
Que quelques-uns d'entr'eux ou tous,
Seront laissés aux soins de l'autre époux,
Ou bien d'une tierce personne.

303. Quelle que soit la personne à laquelle
On confiera lesdits enfants,
Les père et mère, en tous les temps,
Conserveront la faculté réelle
De surveiller avec attention
Des enfants l'entretien et l'éducation,

304. La dissolution du mariage par le divorce admis en justice, ne privera les enfants nés de ce mariage d'aucun des avantages qui leur étaient assurés par les lois, ou par les conventions matrimoniales de leurs père et mère; mais il n'y aura d'ouverture aux droits des enfants que de la même manière et dans les mêmes circonstances où il se seraient ouverts s'il n'y avait pas eu de divorce.

305. Dans le cas de divorce par consentement mutuel, la propriété de la moitié des biens de chacun des deux époux sera acquise de plein droit, du jour de leur première déclaration, aux enfants nés de leur mariage: les père et mère conserveront néanmoins la jouissance de cette moitié jusqu'à la majorité de leurs enfants, à la charge de pourvoir à leur nourriture, entretien et éducation, conformément à

Selon leur desir et leur zèle,
Et d'y contribuer ils seront obligés
En raison de leurs facultés.

304. Quand le mariage est rompu,
Par le divorce en justice reçu,
Tous les enfants nés de ce mariage
Ne perdront aucun avantage
Qui leur était assuré par les lois,
Ou par les traités qu'autrefois
Auraient à fin d'hymen dressé leurs père et mère;
Mais des susdits enfants les droits
Devront s'ouvrir de la même manière
Et dans les mêmes cas où lesdits droits divers
Auraient pu recevoir leur force,
Et se seraient de suite ouverts
Si l'on n'eût pas fait de divorce.

305. Une moitié des biens de chacun des conjoints,
Du jour qu'ils sont venus pour faire
Leur declaration première,
Doit être acquise en tous les points
A chaque enfant dont la naissance
De leur hymen est une conséquence.
Quand le divorce a reçu son effet,
Par un consentement mutuellement fait,
Pourront les susdits père et mère,
Néanmoins de cette moitié,

leur fortune et à leur état ; le tout, sans préjudice des autres avantages qui pourraient avoir été assurés auxdits enfants par les conventions matrimoniales de leurs père et mère.

CHAPITRE V.

De la Séparation de corps.

Art. 306. Dans les cas où il y a lieu à la demande en divorce pour cause déterminée, il sera libre aux époux de former demande en séparation de corps.

307. Elle sera intentée, instruite et jugée de la même manière que toute autre action civile : elle ne pourra avoir lieu par le consentement mutuel des époux.

Garder la jouissance entière
De leurs enfants jusqu'à majorité,
Mais à la charge, en cette conjoncture,
De pourvoir à leur nourriture,
Entretien, éducation,
D'après leur situation,
Etat et fortune ordinaire;
Le tout sans nuire aux divers droits
Qu'à ces enfants les père et mère
Auraient pu donner autrefois,
Par les conventions que l'hymen leur fit faire.

CHAPITRE V.

De la Séparation de corps.

306. De corps en séparation
Demande peut être formée
Par les époux, avec raison,
Dans les cas où, de l'hyménée,
Ils pourraient requérir la dissolution
Pour cause bien déterminée.

307. Cette demande en séparation
Sera constamment intentée,
Et toujours instruite et jugée
Comme autre civile action;

308. La femme contre laquelle la séparation de corps sera prononcée pour cause
d'adultère , sera condamnée, par le même
jugement, et sur la réquisition du ministère public, à la réclusion dans une maison de correction pendant un temps déterminé , qui ne pourra être moindre de
trois mois, ni excéder deux années.

309. Le mari restera le maître d'arrêter
l'effet de cette condamnation, en consentant à reprendre sa femme.

310. Lorsque la séparation de corps, prononcée pour toute autre cause que l'adultère de la femme, aura duré trois ans,
l'époux qui était originairement défendeur,
pourra demander le divorce au tribunal,
qui l'admettra, si le demandeur originaire,
présent ou dûment appelé, ne consent pas

Mais afin qu'elle ait lieu, c'est en vain qu'on invoque
Le consentement réciproque.

308. Le jugement qui portera
La séparation pour cause d'adultère,
Contre la femme alors devra,
Sur la demande que fera
Toujours le public ministère,
La condamner à la réclusion
Dans un lieu de correction.
De cette peine la durée
Sera toujours déterminée;
Elle ne pourra point outrepasser deux ans,
Trois mois seront le moindre temps.

309. Le mari cependant aura permission
D'arrêter les effets qu'entraîne
Pareille condamnation,
Pourvu que sa femme il reprenne.

310. Lorsque de corps la séparation,
Que l'on obtient et qu'on réclame
Pour toute autre cause et raison
Que l'adultère de la femme,
Aura depuis trois ans son exécution,
L'époux qui se trouvait être dans cette affaire
Le défendeur originairement,
Pourra demander sur le champ
Le divorce à ses yeux devenu nécessaire,

immédiatement à faire cesser la séparation.

311. La séparation de corps emportera toujours séparation de biens.

Au tribunal pour ce fait compétent,
   Qui l'admettra, si cependant
   Le demandeur originaire,
   Présent ou dûment appelé,
Ne consent pas à faire de bon gré,
   En pareil cas, cesser de suite
   La séparation susdite.

311. La séparation de corps fait toujours naître
La séparation des biens dont on est maître.

TITRE SEPTIÈME.

De la Paternité et de la Filiation.

Décrété le 2 germinal an 11, promulgué le 12 du même mois.

CHAPITRE PREMIER.

De la Filiation des Enfants légitimes ou nés dans le mariage.

ART. 312. L'enfant conçu pendant le mariage, a pour père le mari.

Néanmoins celui-ci pourra désavouer l'enfant, s'il prouve que, pendant le temps qui a couru depuis le trois centième jusqu'au cent quatre-vingtième jour avant la naissance de cet enfant, il était, soit par cause d'éloignement, soit par l'effet de quelque accident, dans l'impossibilité physique de cohabiter avec sa femme.

~~~~~~~~~~~~~~~~~~~~~~~~~~~~~~~

TITRE SEPTIÈME.

De la Paternité et de la Filiation.

Décrété le 2 germinal an 11, promulgué le 12 du même mois.

CHAPITRE PREMIER.

De la Filiation des Enfants légitimes ou nés dans le mariage.

312. L'enfant conçu pendant le mariage,
Pour père a le mari par une règle sage ;

   Néanmoins celui-ci pourra
   Désavouer cet enfant qui naîtra,
S'il prouve alors que, pendant le temps même
     Qui s'est écoulé sans retour
     Depuis le trois centième jour
     Jusques au cent quatre-vingtième,
     Avant que le susdit enfant
     Ait encor reçu la naissance,
     Il était, dans cette occurrence,

313. Le mari ne pourra, en alléguant son impuissance naturelle, désavouer l'enfant : il ne pourra le désavouer même pour cause d'adultère, à moins que la naissance ne lui ait été cachée ; auquel cas, il sera admis à proposer tous les faits propres à justifier qu'il n'en est pas le père.

314. L'enfant né avant le cent quatre-vingtième jour du mariage, ne pourra être désavoué par le mari, dans les cas suivants :

1.º S'il a eu connaissance de la grossesse avant le mariage ;

2°. S'il a assisté à l'acte de naissance, et si cet acte est signé de lui, ou contient sa déclaration qu'il ne sait signer ;

Impossible physiquement
Que de la femme il partageât l'asyle,
Par l'effet de quelqu'accident
Ou pour cause d'éloignement
De l'endroit de son domicile.

313. Le mari qui se dit par nature impuissant,
Ne peut, pour ce motif, désavouer l'enfant.
Le désaveu ne peut se faire
Même pour cause d'adultère,
A moins qu'on n'ait su lui cacher
Du susdit enfant la naissance;
Et dans une telle occurrence,
On doit l'admettre à proposer
Tous les faits qu'il croit, dans l'affaire,
Capables de justifier
Qu'il n'en est pas le véritable père.

314. Tout enfant né dans les jours précédant
Le cent quatre-vingtième en comptant strictement
Depuis le jour d'hymen, jour que l'on doit connaître,
Dans les trois cas suivants ne pourra jamais être
Par le mari désavoué:

1.º S'il a de la grossesse eu quelque connaissance,
Avant que sous l'hymen il se soit engagé;

2.º S'il s'est trouvé présent à l'acte de naissance,
Et si cet acte enfin de lui-même est signé,

3°. Si l'enfant n'est pas déclaré viable.

315. La légitimité de l'enfant né trois cents jours après la dissolution du mariage, pourra être contestée.

316. Dans les divers cas où le mari est autorisé à réclamer, il devra le faire dans le mois, s'il se trouve sur les lieux de la naissance de l'enfant ;

Dans les deux mois après son retour, si, à la même époque, il est absent ;

Dans les deux mois après la découverte de la fraude, si on lui avait caché la naissance de l'enfant.

317. Si le mari est mort avant d'avoir fait sa réclamation, mais étant encore dans le délai utile pour la faire, les héritiers auront deux mois pour contester la

Ou contient, avec vérité,
La déclaration valable
Qu'il ne sait signer nullement ;

3.º Si l'on déclare expressément
Que l'enfant n'est pas né viable.

315. La légitimité peut être contestée,
Alors qu'il s'agit d'un enfant
Né trois cents jours après que l'hyménée
Est dissous et rompu définitivement.

316. Dans tous les cas où le mari se voit
De réclamer ayant le droit,
Dans le mois il devra le faire,
S'il se trouve être dans l'endroit
Où l'enfant reçoit la lumière ;

Dans les deux mois qui suivront son retour,
S'il se trouve absent du séjour
Où l'enfant reçoit l'existence ;

Dans les deux mois après qu'on aura découvert
La fraude, en supposant que dans cette occurrence
De mystère on avait couvert
Du nouvel enfant la naissance.

317. Lorsque le mari meurt sans avoir réclamé,
Mais encore à temps pour le faire,
Les héritiers auront, dans cette affaire,
Deux mois pour contester la légitimité

légitimité de l'enfant, à compter de l'époque où cet enfant se serait mis en possession des biens du mari, ou de l'époque où les héritiers seraient troublés par l'enfant dans cette possession.

318. Tout acte extrajudiciaire contenant le désaveu de la part du mari ou de ses héritiers, sera comme non avenu, s'il n'est suivi, dans le délai d'un mois, d'une action en justice, dirigée contre un tuteur *ad hoc* donné à l'enfant, et en présence de sa mère.

CHAPITRE II.

Des Preuves de la filiation des enfants légitimes.

ART. 319. La filiation des enfants légitimes se prouve par les actes de naissance inscrits sur le registre de l'état civil.

De l'enfant, à compter de l'époque constante
    Où cet enfant se serait mis
    En possession permanente
    Des biens au défunt lors acquis,
    Ou bien de l'époque précise
    Où les héritiers jouissant,
    Se verraient troublés par l'enfant
Dans la possession en ce cas par eux prise.

    318. Tout acte extrajudiciaire,
Contenant désaveu de la part du mari
Ou de ses héritiers, doit, de toute manière,
Comme non-avenu rester, s'il n'est suivi
    D'un mois dans le délai propice,
    D'une action dirigée en justice
Contre un tuteur *ad hoc* que l'on donne à l'enfant,
    Et de sa mère en présence pourtant.

CHAPITRE II.

Des Preuves de la filiation des enfants légitimes.

    319. La filiation se prouve,
    Pour les enfants légitimement nés,
Par actes de naissance, aussitôt qu'on les trouve
Sur le civil registre inscrits et consignés.

320. A défaut de ce titre, la possession constante de l'état d'enfant légitime suffit.

321. La possession d'état s'établit par une réunion suffisante de faits qui indiquent le rapport de filiation et de parenté entre un individu et la famille à laquelle il prétend appartenir.

Les principaux de ces faits sont, que l'individu a toujours porté le nom du père auquel il prétend appartenir ;

Que le père l'a traité comme son enfant, et a pourvu, en cette qualité, à son éducation, à son entretien et à son établissement ;

Qu'il a été reconnu constamment pour tel dans la société ;

320. Une possession constante
De l'état d'enfant regardé
Comme légitimement né,
A défaut de ce titre est toujours suffisante.

321. D'état une possession
Doit s'établir par la réunion,
Toujours exacte et suffisante,
De faits qui démontrent d'abord
De filiation constante
Et de parenté le rapport,
Entre l'individu qui vient et se présente
Comme né légitimement,
Et la famille à laquelle il prétend
Appartenir par la naissance.

Les principaux de ces faits qu'on avance,
Sont que le réclamant a porté constamment
Le nom du père auquel il dit expressément
Devoir le don de l'existence ;

Que comme son enfant le père l'a traité
En veillant sur ses destinées ;

Qu'il a pourvu, dans cette qualité,
A l'éducation de ses jeunes années,
A l'entretien dont il avait besoin,
Et que de l'établir enfin il a pris soin.;

Qu'il a été reconnu pour tel par la famille.

322. Nul ne peut réclamer un état contraire à celui que lui donnent son titre de naissance et la possession conforme à ce titre.

Et réciproquement, nul ne peut contester l'état de celui qui a une possession conforme à son titre de naissance.

323. A défaut de titre et de possession constante, ou si l'enfant a été inscrit, soit sous de faux noms, soit comme né de père et mère inconnus, la preuve de filiation peut se faire par témoins.

Néanmoins cette preuve ne peut être admise que lorsqu'il y a commencement de preuve par écrit, ou lorsque les présomptions ou indices résultant de faits dès-lors constants, sont assez graves pour déterminer l'admission.

Que dans le cours de sa carrière,
Dans la société, pour tel on l'a reçu,
Et que dans la famille entière
Pour tel il s'est vu reconnu.

322. Aucun ne peut réclamer à bon droit
Un autre état que celui qu'il reçoit
D'un titre de naissance en forme
Que vient encor consolider
Une possession à ce titre conforme ;

Et réciproquement nul ne peut contester
L'état d'une personne ayant la jouissance
D'une possession que l'on peut présenter
Comme conforme au titre de naissance.

323. Quand aucun titre on ne présente,
Et qu'on n'a point une possession
Qui soit démontrée et constante,
Ou de l'enfant lorsque l'inscription
Sur le registre est établie,
Soit sous des noms comme faux reconnus,
Soit comme ayant reçu la vie
De père et de mère inconnus,
De filiation la preuve nécessaire
Par témoins alors peut se faire.

Ladite preuve par témoins
Ne peut s'admettre néanmoins
Que lorsqu'on trouve dans l'affaire

324. Le commencement de preuve par écrit résulte des titres de famille, des registres et papiers domestiques du père ou de la mère, des actes publics et même privés, émanés d'une partie engagée dans la contestation, ou qui y aurait intérêt si elle était vivante.

325. La preuve contraire pourra se faire par tous les moyens propres à établir que le réclamant n'est pas l'enfant de la mère qu'il prétend avoir, ou même, la maternité prouvée, qu'il n'est pas l'enfant du mari de la mère.

326. Les tribunaux civils seront seuls compétents pour statuer sur les réclamations d'état.

De preuve par écrit quelque commencement,
    Ou bien que les divers indices
    Ou présomptions résultant
De faits dès-lors constants et pour l'objet propices
Sont d'une gravité pouvant avec raison
    Déterminer l'admission.

324. De preuve par écrit le commencement brille
  Par le moyen des titres de famille,
    Des registres et des papiers
    Domestiques et familiers
    Qu'avaient le père ou bien la mère,
    D'actes publics, mêmes privés,
    En semblable cas émanés,
De quelqu'un qui serait engagé dans l'affaire,
Ou pour lequel l'affaire aurait quelqu'intérêt,
    Si cet individu vivait.

    325. On doit être libre de faire,
    En tout cas, la preuve contraire
Par les divers moyens capables d'établir
Que ledit réclamant n'est pas fils de la mère
A laquelle il prétend alors appartenir,
Ou, la maternité se trouvant établie,
Qu'au mari de la mère il ne doit pas la vie.

326. Les tribunaux civils ont seuls la compétence
    Pour juger avec assurance
    Les réclamations d'état,
    Et leur donner un résultat.

327. L'action criminelle contre un délit de suppression d'état, ne pourra commencer qu'après le jugement définitif sur la question d'état.

328. L'action en réclamation d'état est imprescriptible à l'égard de l'enfant,

329. L'action ne peut être intentée par les héritiers de l'enfant qui n'a pas réclamé, qu'autant qu'il est décédé mineur, ou dans les cinq années après sa majorité.

330. Les héritiers peuvent suivre cette action lorsqu'elle a été commencée par l'enfant, à moins qu'il ne s'en fût désisté formellement, ou qu'il n'eût laissé passer trois années sans poursuites, à compter du dernier acte de la procédure.

327. Toute criminelle action,
D'état lorsqu'il s'agit d'une suppression,
  Pour ce délit ne doit être intentée
Et ne peut commencer qu'après le jugement
  Qui résoudra définitivement
La question d'état qu'on aura présentée.

328. D'état en réclamation
  L'action non encor formée
  Ne peut jamais être frappée,
A l'égard de l'enfant, par la prescription.

329. La susdite action ne peut être intentée
  Par les héritiers de l'enfant
  Qui n'a pas reclamé, qu'autant
  Que sa mort sera constatée
Etre arrivée au temps de sa minorité,
Ou bien dans les cinq ans après majorité.

330. Cette action par l'enfant commencée,
Peut par les héritiers être continuée,
A moins qu'il ne s'en fût désisté tout-à-fait,
  Où bien qu'il n'eût laissé de suite
  Passer trois ans sans aucune poursuite
  Depuis le dernier acte fait
Dans le procès de l'action susdite.

CHAPITRE III.

Des Enfants naturels.

SECTION PREMIÈRE.

De la Légitimation des enfants naturels.

ART. 331. Les enfants nés hors mariage, autres que ceux nés d'un commerce incestueux ou adultérin, pourront être légitimés par le mariage subséquent de leurs père et mère, lorsque ceux-ci les auront également reconnus avant leur mariage, ou qu'ils les reconnaîtront dans l'acte même de célébration.

332. La légitimation peut avoir lieu, même en faveur des enfants décédés qui ont laissé des descendants ; et, dans ce cas, elle profite à ces descendants.

CHAPITRE III.

Des Enfants naturels.

SECTION PREMIÈRE.

De la Légitimation des enfants naturels.

331. Hors de l'hymen les enfants nés
Autres que ceux qui seront procréés,
Et qui naîtront d'un commerce funeste,
Frappé d'adultère ou d'inceste,
Pourront être légitimés
Par le subséquent mariage
De ceux dont ils seront issus,
Lorsque ceux-ci les auront reconnus
Avant le nœud qui les engage,
Ou bien lorsqu'ils reconnaîtront
Toujours d'une manière exacte,
De célébration dans l'acte,
Les susdits enfants qu'ils auront.

332. Peut la légitimation
Avoir son exécution
Avec sa force toute entière,
Même en la faveur des enfants

333. Les enfants légitimés par le mariage subséquent, auront les mêmes droits que s'ils étaient nés de ce mariage.

SECTION II.

De la Reconnaissance des enfants naturels.

ART. 334. La reconnaissance d'un enfant naturel sera faite par un acte authentique, lorsqu'elle ne l'aura pas été dans son acte de naissance,

335. Cette reconnaissance ne pourra avoir lieu au profit des enfants nés d'un commerce incestueux ou adultérin.

336. La reconnaissance du père, sans l'indication et l'aveu de la mère, n'a d'effet qu'à l'égard du père.

Ayant laissé des descendants
Lorsqu'ils ont fini leur carrière ;
Et, dans ce cas, les descendants susdits
En recueilleront tous les fruits.

333. Tous les enfants auxquels un hymen subséquent
D'être légitimés procure l'avantage,
Auront les mêmes droits, sans nul empêchement,
Que s'ils étaient issus du susdit mariage.

SECTION II.

De la Reconnaissance des enfants naturels.

334. D'un enfant naturel une reconnaissance,
Par un acte authentique, a lieu dans tous les cas,
Lorsque son acte de naissance
Lui-même ne la contient pas.

335. On ne peut faire, en aucun temps,
Cette reconnaissance au profit des enfants
Issus d'un commerce funeste
Frappé d'adultère ou d'inceste.

336. La reconnaissance du père,
Sans l'indication et l'aveu de la mère,
Ne peut avoir d'effet constant
Que vis-à-vis du père seulement.

337. La reconnaissance faite pendant le mariage, par l'un des époux, au profit d'un enfant naturel qu'il aurait eu avant son mariage, d'un autre que de son époux, ne pourra nuire ni à celui-ci, ni aux enfants nés de ce mariage.

Néanmoins elle produira son effet après la dissolution de ce mariage, s'il n'en reste pas d'enfants.

338. L'enfant naturel reconnu ne pourra réclamer les droits d'enfant légitime. Les droits des enfants naturels seront réglés au titre *des Successions*.

339. Toute reconnaissance de la part du père ou de la mère, de même que toute réclamation de la part de l'enfant, pourra être contestée par tous ceux qui y auront intérêt.

337. La reconnaissance parfaite
Pendant le mariage faite,
Par l'un des deux époux, au profit d'un enfant
Né de son fait illégitimement
Auparavant son mariage,
D'un autre que de son conjoint,
Ne peut à celui-ci nuire sous aucun point,
Non plus qu'aux enfants nés de l'hymen qui l'engage,
Elle produira cependant
Son effet, lorsque l'hyménée
Aura vu sa chaîne brisée
Sans qu'il en reste aucun enfant.

338. Tout enfant naturel reconnu par le père,
Ou bien reconnu par la mère,
Ne pourra réclamer les droits
Qu'à l'enfant légitime ont accordés les lois.
Les droits divers que l'on confère
Aux enfants naturels, se trouveront réglés,
Au titre *des Hérédités.*

339. La reconnaissance du père,
Ainsi que celle de la mère,
Peut être contestée, en chaque occasion,
Par les individus qu'intéresse l'affaire ;
La même contestation
Pourra par eux être engagée
Sur toute réclamation
Qui par l'enfant serait formée.

340. La recherche de la paternité est interdite :

Dans le cas d'enlèvement, lorsque l'époque de cet enlèvement se rapportera à celle de la conception, le ravisseur pourra être, sur la demande des parties intéressées, déclaré père de l'enfant.

341. La recherche de la maternité est admise :

L'enfant qui réclamera sa mère, sera tenu de prouver qu'il est identiquement le même que l'enfant dont elle est accouchée.

Il ne sera reçu à faire cette preuve par témoins, que lorsqu'il aura déjà un commencement de preuve par écrit.

342. Un enfant ne sera jamais admis à la recherche, soit de la paternité, soit de la maternité, dans les cas où, suivant l'article 335, la reconnaissance n'est pas admise.

340. De la paternité, cet objet important,
    La recherche n'est point admise;

    Mais dans le cas d'enlèvement,
    Quand du rapt l'époque précise
De la conception se rapporte au moment,
Le ravisseur pourra, dans ce cas seulement,
    Etre, sur la demande expresse
Faite par ceux que l'affaire intéresse,
    Déclaré père de l'enfant.

341. De la maternité la recherche est admise:
    Il faudra que le réclamant
Qui recherche sa mère, en pareil cas, produise
    La preuve qu'identiquement
    Il est le même que l'enfant
Dont elle est accouchée. Il n'aura droit de faire,
    Par témoins, cette preuve claire,
    Qu'en faisant voir auparavant
De preuve par écrit quelque commencement.

    342. A l'enfant il est fait défense
De rechercher, soit la paternité,
    Soit enfin la maternité,
    Dans les deux cas tracés d'avance,
    Où, suivant l'article succinct
    Numéro trois cent trente-cinq
La loi s'oppose à la reconnaissance.

TITRE HUITIÈME.

De l'Adoption et de la Tutelle officieuse.

Décrété le 2 germinal an 11, promulgué le 12 du même mois.

CHAPITRE PREMIER.

De l'Adoption.

SECTION PREMIÈRE.

De l'Adoption et de ses effets.

ART. 343. L'adoption n'est permise qu'aux personnes de l'un ou de l'autre sexe, âgées de plus de cinquante ans, qui n'auront, à l'époque de l'adoption, ni enfants, ni descendants légitimes, et qui auront au moins quinze ans de plus que les individus qu'elles se proposent d'adopter.

TITRE HUITIÈME.

De l'Adoption et de la Tutelle officieuse.

Décrété le 2 germinal an 11, promulgué le 12 du même mois.

CHAPITRE PREMIER.

De l'Adoption.

SECTION PREMIÈRE.

De l'Adoption et de ses Effets.

343. Du droit d'adoption pourront seuls faire usage
Tous les individus du sexe masculin
   Ou bien du sexe féminin,
  De cinquante ans accomplis ayant l'âge,
  Qui n'auront point de légitime enfant,
   Ni légitime descendant,
A l'époque par eux pour adopter choisie,
  Et fourniront preuve bien établie
    Qu'ils ont au moins quinze ans de plus
    Que l'âge des individus
    Que d'adopter ils ont l'envie.

344. Nul ne peut être adopté par plusieurs, si ce n'est par deux époux.

Hors le cas de l'article 366, nul époux ne peut adopter qu'avec le consentement de l'autre conjoint.

345. La faculté d'adopter ne pourra être exercée qu'envers l'individu à qui l'on aura, dans sa minorité et pendant six ans au moins, fourni des secours et donné des soins non interrompus, ou envers celui qui aurait sauvé la vie à l'adoptant, soit dans un combat, soit en le retirant des flammes ou des flots.

Il suffira, dans ce deuxième cas, que l'adoptant soit majeur, plus âgé que l'adopté, sans enfants ni descendants légitimes ; et, s'il est marié, que son conjoint consente à l'adoption.

346. L'adoption ne pourra, en aucun cas, avoir lieu avant la majorité de l'adopté.

344. Nul ne peut par plusieurs être adopté ; pourtant
On peut par deux époux l'être conjointement.

    Excepté les cas que présente
L'article au numéro trois cent soixante-six ;
A faire adoption nul époux n'est admis,
    Que l'autre conjoint n'y consente.

    345. La faculté ci-dessus énoncée,
De faire adoption, ne peut être exercée
Qu'envers une personne à qui l'on a donné
    Les soins et secours de fortune
Pendant six ans au moins, dans sa minorité,
    Sans interruption aucune,
Ou bien envers celui qui sut précédemment
    A l'adoptant sauver la vie
Soit dans quelque combat, soit en le retirant
    Des flots ou bien d'un incendie.

Dans ce deuxième cas, il sera suffisant
    Pour adopter, que l'adoptant
    Soit majeur et plus ancien d'âge
    Que l'adopté, qu'il n'ait aucuns enfants,
    Ni légitimes descendants ;
Et s'il est sous les lois d'un hymen qui l'engage,
    Que son conjoint veuille à l'adoption
    Donner son approbation.

    346. L'adoption ne peut se faire
    En aucun cas, que l'adopté

Si l'adopté, ayant encore ses père et mère, ou l'un des deux, n'a point accompli sa vingt-cinquième année, il sera tenu de rapporter le consentement donné à l'adoption par ses père et mère, ou par le survivant, et, s'il est majeur de vingt-cinq ans, de requérir leur conseil.

347. L'adoption conférera le nom de l'adoptant à l'adopté, en l'ajoutant au nom propre de ce dernier.

348. L'adopté restera dans sa famille naturelle, et y conservera tous ses droits : néanmoins le mariage est prohibé entre l'adoptant, l'adopté et ses descendants;

Entre les enfants adoptifs du même individu;

N'ait atteint sa majorité;
Si l'adopté susdit, ayant ses père et mère,
Ou l'un d'eux seulement, n'a point encor passé
Sa vingt-cinquième année, il doit être obligé
  De rapporter consentement sincère
    A son adoption donné
    Et par sa mère et par son père,
    Ou des deux par le survivant;
Et si de vingt-cinq ans il a dépassé l'âge,
  Il sera tenu constamment
  De requérir leur conseil juste et sage.

  347. L'adoption confère et donne
A l'adopté le nom de la personne
Qui fait l'adoption : ce nom est ajouté
  Au nom propre de l'adopté.

  348. L'adopté toujours restera
  Dans sa famille naturelle,
  Et ses droits y conservera
  Malgré l'adoption formelle :
Le mariage est pourtant prohibé
  Entre l'adoptant, l'adopté,
Et de cet adopté ceux qui peuvent descendre;

Du même individu les adoptifs enfants
  Entr'eux aussi, dans aucun temps,
A contracter l'hymen n'ont le droit de prétendre;

Entre l'adopté et les enfants qui pour-raient survenir à l'adoptant ;

Entre l'adopté et le conjoint de l'adop-tant, et réciproquement entre l'adoptant et le conjoint de l'adopté.

349. L'obligation naturelle qui conti-nuera d'exister entre l'adopté et ses père et mère, de se fournir des aliments dans les cas déterminés par la loi, sera consi-dérée comme commune à l'adoptant et à l'adopté, l'un envers l'autre.

350. L'adopté n'acquerra aucun droit de successibilité sur les biens des parents de l'adoptant; mais il aura sur la succession de l'adoptant les mêmes droits que ceux qu'y aurait l'enfant né en mariage, même quand il y aurait d'autres enfants

L'enfant qui pourrait survenir
A l'adoptant, ne peut en mariage
Jamais à l'adopté s'unir;

Par une autre règle aussi sage
Ledit adopté ne peut point
De l'adoptant épouser le conjoint,
Et réciproquement, sous les lois d'hyménée
Nulle union ne peut être formée
Entre l'adoptant précité,
Et le conjoint de l'adopté.

349. Cette obligation naturelle et sincère
Qui continuera d'exister
Entre l'enfant qu'on viendra d'adopter
Et son père ainsi que sa mère,
De se fournir les aliments voulus,
Dans les cas par la loi prévus,
Sera toujours considérée
Comme commune à l'adoptant,
Ainsi qu'à l'adoptif enfant,
Et par l'un envers l'autre au besoin acquittée.

350. Droit de successibilité
Ne peut point être à l'adopté
Acquis en aucune manière
Sur les différents biens dont est propriétaire
Chaque parent de l'adoptant;
Mais il aura décidément

de cette dernière qualité , nés depuis l'adoption.

351. Si l'adopté meurt sans descendants légitimes, les choses données par l'adoptant, ou recueillies dans sa succession, et qui existeront en nature lors du décès de l'adopté, retourneront à l'adoptant ou à ses descendants, à la charge de contribuer aux dettes, et sans préjudice des droits des tiers.

Le surplus des biens de l'adopté appartiendra à ses propres parents ; et ceux-ci excluront toujours, pour les objets même spécifiés au présent article, tous he i-

Sur la succession par l'adoptant laissée,
Les mêmes droits que ceux qu'obtiendrait un enfant
    Né d'un légitime hyménée,
    Même lorsque d'autres enfants
    De cette qualité dernière
    Étant nés et venus sur terre
Depuis l'adoption, seraient lors réclamants.

351. Si l'adopté du trépas est victime
    Sans postérité légitime,
Par l'adoptant, tous les objets donnés
    Ou bien recueillis et trouvés
Dans sa succession, lors de son ouverture,
Et qui seront encore existants en nature
    Lors du décès de l'adopté,
    Par une règle toujours sûre
    A l'adoptant retourneront,
Ou bien à ceux qui de lui descendront;
    Mais en contribuant aux dettes
    Que ledit défunt aura faites,
    Le tout sans nuire aux droits divers
    Que pourraient posséder des tiers.

    Tout le surplus de la fortune
    Et des biens dudit adopté
    Deviendra la chose commune
De ses propres parents et leur propriété,
Et les susdits parents excluront de l'hoirie,
    Même pour les objets étant

tiers de l'adoptant autres que ses descendants.

352. Si du vivant de l'adoptant, et après
le décès de l'adopté, les enfants ou descendants laissés par celui-ci mouraient eux-
mêmes sans postérité, l'adoptant succé-
dera aux choses par lui données, comme
il est dit en l'article précédent; mais ce
droit sera inhérent à la personne de l'adoptant, et non transmissible à ses héritiers,
même en ligne descendante.

SECTION II.

Des Formes de l'adoption.

Art. 353. La personne qui se proposera
d'adopter, et celle qui voudra être adop-

Spécifiés en l'article présent,
De l'adoptant, lors privé de la vie,
Les héritiers, autres pourtant
Que ceux qui descendront du susdit adoptant.

352. Si l'adoptant étant encor sur terre,
Et l'adopté mort, au contraire,
Les enfants ou les descendants
Laissés par celui-ci, voyaient leurs destinées
Sans postérité terminées,
L'adoptant pourra, dans ce temps,
Succéder sans empêchement
Aux choses qu'il aura données,
Ainsi qu'il est prescrit article précédent :
Mais ce droit doit être inhérent
De l'adoptant à la personne même,
Et, par suite de ce système,
N'est transmissible aucunement
Aux héritiers de l'adoptant,
Pas même à l'hoir qui se présente
Comme héritier en ligne descendante.

SECTION II.

Des Formes de l'adoption.

353. L'individu qui se proposera
De faire adoption, et celui qui voudra

tée, se présenteront devant le juge de paix
du domicile de l'adoptant, pour y passer
acte de leurs consentemens respectifs.

354. Une expédition de cet acte sera remise, dans les dix jours suivants, par la
partie la plus diligente, au commissaire
du Gouvernement près le tribunal de première instance dans le ressort duquel se
trouvera le domicile de l'adoptant, pour
être soumis à l'homologation de ce tribunal.

355. Le tribunal, réuni en la chambre
du conseil, et après s'être procuré les renseignemens convenables, vérifiera, 1.° si
toutes les conditions de la loi sont remplies; 2.° si la personne qui se propose
d'adopter jouit d'une bonne réputation.

Qu'en sa faveur ait lieu l'adoption susdite,
 Devront tous deux aller de suite
 Devant le personnage étant
 Juge de paix du domicile
 Qu'aura, dans ce cas, l'adoptant,
 Afin d'y passer l'acte utile
 Du respectif consentement.

354. De l'acte contenant lesdits consentements ;
Une expédition, dans les dix jours suivants,
 Doit être remise et fournie,
 Par la plus active partie,
Au commissaire élu par le Gouvernement
 Auprès du tribunal jugeant
En instance première et matière civile,
Dans le ressort duquel se trouvera séant
 De l'adoptant le domicile,
Et cet acte sera, sur expédition,
Du tribunal, soumis à l'approbation.

355. Le tribunal tenant séance,
Du conseil en la chambre après s'être d'avance
 Procuré les renseignements
 Qu'il aura jugés suffisants,
 Vérifiera si, par les deux parties,
Les clauses de la loi sont strictement remplies,
Et si celui qui veut faire l'adoption,
A fondé sur l'honneur sa réputation.

356. Après avoir entendu le commissaire du Gouvernement, et sans aucune autre forme de procédure, le tribunal prononcera, sans énoncer de motifs, en ces termes: *Il y a lieu, ou il n'y a pas lieu à l'adoption.*

357. Dans le mois qui suivra le jugement du tribunal de première instance, ce jugement sera, sur les poursuites de la partie la plus diligente, soumis au tribunal d'appel, qui instruira dans les mêmes formes que le tribunal de première instance, et prononcera, sans énoncer de motifs : *Le jugement est confirmé,* ou *Le jugement est réformé; en conséquence, il y a lieu, ou il n'y a pas lieu à l'adoption.*

356. Après avoir ouï dans cette conjoncture
Le commissaire élu par le Gouvernement,
    Et sans admettre aucunement
    D'autres formes de procédure,
Le tribunal devra prononcer sur-le-champ,
    Mais de motifs sans pouvoir faire
    Aucune énonciation,
En ces termes : *On peut faire l'adoption,*
  Ou d'adopter il n'est point nécessaire.

357. Dans le mois qui suivra le susdit jugement
    Du tribunal, où, constamment,
    La première instance est suivie,
    Ce même jugement sera,
    Sur les poursuites que fera
    La plus diligente partie,
    Au tribunal d'appel soumis,
    Qui, par le fait, sera requis
D'instruire et procéder de la même manière
    Que le tribunal décidant
    Les causes d'instance première,
    Et devra pour lors prononcer,
    Sans émettre et sans énoncer
    De motifs en cette occurrence :
    Le jugement est confirmé,
Ou bien *le jugement se trouve réformé,*

358. Tout jugement du tribunal d'appel qui admettra une adoption, sera prononcé à l'audience, et affiché en tels lieux et en tel nombre d'exemplaires que le tribunal jugera convenables.

359. Dans les trois mois qui suivront ce jugement, l'adoption sera inscrite, à la réquisition de l'une ou de l'autre des parties, sur le registre de l'état civil du lieu où l'adoptant sera domicilié.

Cette inscription n'aura lieu que sur le vu d'une expédition en forme du jugement du tribunal d'appel ; et l'adoption sera sans effet, si elle n'a été inscrite dans ce délai.

Il est permis en conséquence
De terminer l'adoption,
Ou d'adopter il n'est point de raison.

358. Du tribunal d'appel tout jugement doit être
    A l'audience prononcé
Lorsque ce jugement a d'abord énoncé
    Que l'adoption peut s'admettre,
    En outre, il doit être affiché
Dans tels lieux, et, de plus, au nombre d'exemplaires
Que ledit tribunal jugera nécessaires.

359. Dans les trois mois après ce jugement,
    L'adoption doit être mise,
Des deux intéressés l'un ou l'autre en faisant
    La réquisition précise,
    Sur le registre accoutumé
    A l'état civil destiné,
    Dans l'endroit où le domicile
    De l'adoptant sera fixé.
Ladite inscription, d'une manière utile,
    Ne se fera que sur le vu réel
    D'une expédition conforme,
    Et délivrée en bonne forme,
    Du jugement du tribunal d'appel,
Et sera sans effet, l'adoption susdite,
Si dans ce laps de temps on ne l'a point inscrite.

360. Si l'adoptant venait à mourir après que l'acte constatant la volonté de former le contrat d'adoption a été reçu par le juge de paix et porté devant les tribunaux, et avant que ceux-ci eussent définitivement prononcé, l'instruction sera continuée, et l'adoption sera admise, s'il y a lieu.

Les héritiers de l'adoptant pourront, s'ils croient l'adoption inadmissible, remettre au commissaire du Gouvernement tous mémoires et observations à ce sujet.

CHAPITRE II.

De la Tutelle officieuse.

Art. 361. Tout individu âgé de plus de cinquante ans, et sans enfants ni descendants légitimes, qui voudra, durant la minorité d'un individu, se l'attacher par

360. Si l'adoptant venait à décéder après
Que l'acte, constatant la volonté licite
De former le contrat d'adoption susdite,
    A, par ledit juge-de-paix,
  Été reçu dans la forme ordinaire
      Et par-devant les tribunaux porté,
      De plus, s'il était décédé
      Avant que ceux-ci, sur l'affaire,
  Eussent parlé définitivement,
  L'instruction sera continuée,
      Et l'adoption sur-le-champ,
      S'il est possible, autorisée;
      Les héritiers de l'adoptant
      Qui croiront qu'on ne peut admettre
      L'adoption, pourront remettre,
Au commissaire élu par le Gouvernement,
    Tous mémoires faisant connaître
Leurs observations sur ce point important.

CHAPITRE II.

De la Tutelle officieuse.

361. De plus de cinquante ans toute personne âgée,
    Et sans légitime lignée,
      Qui, lorsque d'un individu
      L'âge de minorité dure,

un titre légal, pourra devenir son tuteur officieux, en obtenant le consentement des père et mère de l'enfant, ou du survivant d'entr'eux, ou, à leur défaut, d'un conseil de famille, ou enfin, si l'enfant n'a point de parents connus, en obtenant le consentement des administrateurs de l'hospice où il aura été recueilli, ou de la municipalité du lieu de sa résidence.

362. Un époux ne peut devenir tuteur officieux qu'avec le consentement de l'autre conjoint.

363. Le juge de paix du domicile de l'enfant dressera procès-verbal des demandes et consentements relatifs à la tutelle officieuse.

Prétend se l'attacher d'une manière sûre
Par un titre légal et pour tel reconnu,
 Peut devenir et peut se faire
 De ce mineur tuteur officieux,
  Avec l'aveu des père et mère
  Ou bien du survivant des deux.
Si le mineur a perdu père et mère,
Un conseil de famille agit à défaut d'eux,
  Ou s'il advient qu'on établisse
Que nul parent connu ne peut être indiqué,
  Il faut avoir l'aveu propice
  De la municipalité
  De l'endroit de la résidence,
  Ou de chaque administrateur
  De l'hospice, où de ce mineur
  On aura recueilli l'enfance.

362. Tuteur officieux un époux ne peut être,
Lorsque l'autre conjoint ne veut point le permettre.

  363. Le juge de paix exerçant
  Au domicile de l'enfant,
  Fait procès-verbal qui rappelle
  Toutes les demandes tendant
  A l'officieuse tutelle,
  Et qui contienne en même temps
  Tous les divers consentements.

364. Cette tutelle ne pourra avoir lieu qu'au profit d'enfants âgés de moins de quinze ans.

Elle emportera avec soi, sans préjudice de toute stipulation particulière, l'obligation de nourrir le pupille, de l'élever, de le mettre en état de gagner sa vie.

365. Si le pupille a quelque bien, et s'il était antérieurement en tutelle, l'administration de ses biens, comme celle de sa personne, passera au tuteur officieux, qui ne pourra néanmoins imputer les dépenses d'éducation sur les revenus du pupille,

366. Si le tuteur officieux, après cinq ans révolus depuis la tutelle, et dans la prévoyance de son décès avant la majorité du pupille, lui confère l'adoption par acte testamentaire, cette disposition sera vala-

364. Ne peut la susdite tutelle
Avoir lieu qu'au profit d'enfants
N'ayant point l'âge de quinze ans;
Cette charge emporte avec elle,
Sans nuire à tout engagement
Formé particulièrement,
Une obligation suivie
De nourrir le pupille, enfin de l'élever,
Et de le mettre en état de gagner
De quoi fournir aux besoins de la vie.

365. Si le pupille a quelque bien,
Et si précédemment il était en tutelle,
La gestion, par ce moyen,
De ses biens, de même que celle
De sa personne, passera
Audit tuteur, qui ne pourra
Néanmoins imputer et mettre
Du mineur sur les revenus
Les frais divers qui doivent naître
De l'éducation prescrite ci-dessus.

366. Si le tuteur officieux
Après cinq ans révolus à ses yeux
Depuis que de tuteur il a la charge utile,
Et par prévoyance songeant
Que son décès peut arriver avant
La majorité du pupille,
Lui confère l'adoption

ble, pourvu que le tuteur officieux ne laisse point d'enfants légitimes.

367. Dans le cas où le tuteur officieux mourrait soit avant les cinq ans, soit après ce temps, sans avoir adopté son pupille, il sera fourni à celui-ci, durant sa minorité, des moyens de subsister, dont la quotité et l'espèce, s'il n'y a été antérieurement pourvu par une convention formelle, seront réglés, soit amiablement entre les représentants respectifs du tuteur et du pupille, soit judiciairement en cas de contestation.

368. Si, à la majorité du pupille, son tuteur officieux veut l'adopter, et que le premier y consente, il sera procédé à l'adoption selon les formes prescrites au chapitre

Par un acte testamentaire :
Pareille disposition
Sera valable toute entière,
Quand ledit tuteur cependant
Ne laisse point de légitime enfant.

367. Si du tuteur arrivait le décès,
Avant les cinq ans, même après,
Sans une adoption utile
Au profit de son dit pupille,
A celui-ci l'on fournira,
Pendant que mineur il sera,
Des moyens pour sa subsistance,
Si l'on n'a point pourvu d'avance
De ces secours à la fixation,
En rédigeant une convention
Qui fût et formelle et valable :
Les représentants du tuteur,
Ainsi que ceux dudit mineur
Devront régler à l'amiable,
Desdits secours l'espèce et quotité ;
Mais, en cas de difficulté,
Il faudra toujours qu'en justice
On les règle et les établisse.

368. Lorsque l'officieux tuteur
Desire adopter son pupille,
Pour ce consentant et docile,
Et, de plus, devenu majeur,

précédent, et les effets en seront, en tous points, les mêmes.

369. Si, dans les trois mois qui suivront la majorité du pupille, les réquisitions par lui faites à son tuteur officieux, à fin d'adoption, sont restées sans effet, et que le pupille ne se trouve point en état de gagner sa vie, le tuteur officieux pourra être condamné à indemniser le pupille de l'incapacité où celui-ci pourrait se trouver de pourvoir à sa subsistance.

Cette indemnité se résoudra en secours propres à lui procurer un métier ; le tout sans préjudice des stipulations qui auraient pu avoir lieu dans la prévoyance de ce cas.

L'adoption a lieu dans les formes prescrites
    Par le chapitre précédent,
Et cette adoption obtiendra constamment
    Mêmes effets et mêmes suites.

369. Dans les trois mois après que le pupille
A pour être majeur possédé l'âge utile,
    Si chaque réquisition
    Qu'il aura faite et présentée
A son tuteur, à fin d'adoption,
    Sans aucun effet est restée,
    Et que le pupille majeur
Ne soit point en état de gagner de quoi vivre,
    En ce cas, on pourra poursuivre
    Et condamner l'officieux tuteur
      A donner, sans qu'on l'en dispense,
      Au pupille une indemnité
      Pour ladite incapacité
      De pourvoir à sa subsistance.

      Mais cette indemnité toujours
      Devra se résoudre en secours
      Qui soient absolument capables
      De lui procurer un métier,
      Le tout sans préjudicier
      Aux stipulations valables
      Que l'on aurait pu, prévoyant
      Le cas susdit, régler avant.

370. Le tuteur officieux qui aurait eu l'administration de quelques biens pupillaires, en devra rendre compte dans tous les cas.

370. Quand le tuteur officieux
A régi des biens pupillaires,
De la régie et gestion d'iceux
Il doit, dans tous les cas, fournir compte sincère.

TITRE NÉUVIÈME.

Décrété le 3 germinal an 11, promulgué le 13 du même mois.

De la Puissance paternelle.

ART. 371. L'enfant, à tout âge, doit honneur et respect à ses père et mère.

372. Il reste sous leur autorité jusqu'à sa majorité ou son émancipation.

373. Le père seul exerce cette autorité durant le mariage.

374. L'enfant ne peut quitter la maison paternelle sans la permission de son père, si ce n'est pour enrôlement volontaire, après l'âge de dix-huit ans révolus.

375. Le père qui aura des sujets de mécontentement très-graves sur la conduite d'un enfant, aura les moyens de correction suivants :

TITRE NEUVIÈME.

Décrété le 3 germinal an 11, promulgué le 13 du même mois.

De la Puissance paternelle.

371. L'enfant, pendant sa vie entière,
Doit honneur et respect à son père, à sa mère.

372. Il doit rester sous leur autorité
Tant qu'il n'est point majeur ou bien émancipé.

373. Le père garde seul l'exercice et l'usage
De cette autorité, durant le mariage.

374. L'enfant ne peut quitter la maison de son père
       Sans avoir sa permission,
Si ce n'est toutefois qu'il quitte la maison
       Pour enrôlement volontaire ;
Encor faut-il qu'il ait dix-huit ans accomplis
       Pour que ce départ soit permis.

375. Lorsqu'au père, un enfant donne, par sa conduite,
De très-graves sujets de mécontentement,
   Pour le punir, le père aura, de suite,
Les moyens qu'on va voir exprimés clairement.

376. Si l'enfant est âgé de moins de seize ans commencés, le père pourra le faire détenir pendant un temps qui ne pourra excéder un mois; et, à cet effet, le président du tribunal d'arrondissement devra, sur sa demande, délivrer l'ordre d'arrestation.

377. Depuis l'âge de seize ans commencés jusqu'à la majorité ou l'émancipation, le père pourra seulement requérir la détention de son enfant pendant six mois au plus; il s'adressera au président dudit tribunal, qui, après en avoir conféré avec le commissaire du Gouvernement, délivrera l'ordre d'arrestation ou le refusera, et pourra, dans le premier cas, abréger le temps de la détention requis par le père.

376. Toutes les fois que la seizième année
  De l'enfant n'est point commencée,
  Le père alors, pour le punir,
Un mois au plus pourra le faire détenir ;
A cet effet, le juge ayant la présidence
  Du tribunal de l'arrondissement,
   Doit au père, le requérant,
De l'ordre d'arrêter faire la délivrance.

377. Depuis que la quinzième année
  Est entièrement terminée,
  Jusqu'à l'émancipation,
Ou la majorité suivant les lois acquise,
  De l'enfant la détention
Peut être par le père expressément requise ;
  Mais seulement pendant six mois au plus,
  Il faut qu'alors le père se décide
  A s'adresser à celui qui préside
  Le tribunal désigné ci-dessus.
   Après avoir eu conférence
   Avec le commissaire étant
Auprès du tribunal pour le Gouvernement,
  Le président fera la délivrance
De l'ordre d'arrêter, ou le refusera,
   Et, dans le premier cas, pourra
   Rendre plus courte la durée
De la détention par le père exigée.

378. Il n'y aura, dans l'un et l'autre cas, aucune écriture ni formalité judiciaire, si ce n'est l'ordre même d'arrestation, dans lequel les motifs n'en seront pas énoncés.

Le père sera seulement tenu de souscrire une soumission de payer tous les frais, et de fournir les aliments convenables.

379. Le père est toujours maître d'abréger la durée de la détention par lui ordonnée ou requise. Si, après sa sortie, l'enfant tombe dans de nouveaux écarts, la détention pourra être de nouveau ordonnée de la manière prescrite aux articles précédents.

380. Si le père est remarié, il sera tenu, pour faire détenir son enfant du premier lit, lors même qu'il serait âgé de moins de seize ans, de se conformer à l'art. 377.

378. L'ordre d'arrêter excepté,
Dans l'un et l'autre cas, il ne faudra point faire
   D'écriture ou formalité
   Que l'on nomme judiciaire;
   Dans l'ordre même il faudra taire
   Les motifs qui l'auront dicté;
   Seulement le père, de suite,
   Devra souscrire et contracter
   L'obligation d'acquitter
   Les frais que le cas nécessite,
   Et de fournir pendant le temps
   De la détention prescrite
   De convenables aliments.

379. Le père peut toujours abréger à sa guise
L'incarcération ordonnée ou requise.
   Si l'enfant sorti de prison,
Dans de nouveaux écarts tombe et se précipite,
   En ce cas, la détention
   De nouveau peut être prescrite,
   En observant dans tous les temps
   Les trois articles précédents.

380. Lorsqu'un second hymen engagera le père,
   Il sera tenu, s'il veut faire
Détenir son enfant issu du premier lit,
   Quand même sa quinzieme année
   Ne serait pas encore terminée,

381. La mère survivante et non remariée, ne pourra faire détenir un enfant qu'avec le concours des deux plus proches parents paternels, et par voie de réquisition, conformément à l'art. 377.

382. Lorsque l'enfant aura des biens personnels, ou lorsqu'il exercera un état, sa détention ne pourra, même au dessous de seize ans, avoir lieu que par voie de réquisition, en la forme prescrite par l'article 377.

D'observer tout ce que prescrit
L'article de ce titre même,
Qu'on vient de voir en nombre écrit
Trois cent soixante-dix-septième.

381. La mère qui survit et n'est point entrainée
Dans les liens d'un second hyménée,
Ne pourra faire détenir
L'enfant qu'elle voudra punir,
Qu'avec le concours salutaire
De deux parents les plus proches du père.
En pareil cas, on agira
De réquisition par la voie ordinaire;
Et toujours on observera
L'article de ce titre même
Que l'on a vu numéroté déja
Trois cent soixante-dix-septième.

382. Quand l'enfant a des biens en sa possession,
Ou qu'il exerce une profession,
Encor que sa seizième année
Ne se trouve pas terminée,
Alors l'incarcération
De cet enfant peut seulement se faire
De réquisition par la voie ordinaire,
En observant ce qu'on voit indiqué
Dans l'article numéroté
Trois cent soixante-dix-septième.

L'enfant détenu pourra adresser un mémoire au commissaire du Gouvernement près le tribunal d'appel. Ce commissaire se fera rendre compte par celui près le tribunal de première instance, et fera son rapport au président du tribunal d'appel, qui, après en avoir donné avis au père, et après avoir recueilli tous les renseignemens, pourra révoquer ou modifier l'ordre délivré par le président du tribunal de première instance.

383. Les articles 376, 377, 378 et 379 seront communs aux pères et mères des enfants naturels légalement reconnus.

L'enfant reclus pourra lui-même
Adresser un mémoire au commissaire étant
Auprès du tribunal sur appel prononçant.
 Se fera ledit commissaire
 Rendre un compte exact et sincère,
 Par le commissaire exerçant
 Auprès du tribunal jugeant
 Les causes d'instance première,
Et fera son rapport au juge président
Du tribunal sur appel décidant,
Lequel, après avoir fait avertir le père,
Et s'être procuré tous les renseignements
 Qu'il aura jugés suffisants
 Pour bien s'instruire de l'affaire,
 Pourra révoquer, s'il l'entend,
 Ou modifier seulement
L'ordre dont aura fait l'exacte délivrance
 Le président du tribunal jugeant
 Les causes de première instance.

 383. Les articles déjà tracés
 Dans l'ordre ci-dessous classés
 Trois cent soixante-dix-septième,
 Trois cent soixante-dix-neuvième,
 De plus, l'article précité
 Que l'on trouve numéroté
 Trois cent soixante-seize, et même
 L'article dont le nombre écrit

384. Le père, durant le mariage, et, après la dissolution du mariage, le survivant des père et mère, auront la jouissance des biens de leurs enfants jusqu'à l'âge de dix-huit ans accomplis, ou jusqu'à l'émancipation qui pourrait avoir lieu avant l'âge de dix-huit ans.

385. Les charges de cette jouissance seront :

1.º Celles auxquelles sont tenus les usufruitiers ;

2.º La nourriture, l'entretien et l'éducation des enfants, selon leur fortune ;

3.º Le paiement des arrérages ou intérêts des capitaux ;

Est trois cent soixante dix-huit,
Doivent être communs au père,
Et s'appliqueront à la mère
Des enfants naturels étant
Reconnus authentiquement.

384. Pendant le cours du mariage,
Le père doit jouir des biens de ses enfants,
Jusqu'à ce que de dix-huit ans
Révolus et complets ils puissent compter l'âge ;
Cette jouissance finit
Lorsque de dix-huit ans avant l'âge susdit
L'émancipation au mineur on confère.
Après que l'hymen est dissous,
Le survivant des deux époux
Doit conserver, de la même manière,
Des biens de ses enfants la jouissance entière.

385. De ce droit de jouir les charges doivent être
Celles auxquelles sont tenus
Les usufruitiers, et, de plus,
Parmi les charges il faut mettre
L'éducation des enfants,
Leur entretien, leurs aliments,
Selon que leur fortune alors peut le permettre ;
En outre, le paiement des intérêts échus
Qui pour capitaux seront dûs.

4.° Les frais funéraires et ceux de dernière maladie.

386. Cette jouissance n'aura pas lieu au profit de celui des père et mère contre lequel le divorce aurait été prononcé ; et elle cessera, à l'égard de la mère, dans le cas d'un second mariage.

387. Elle ne s'étendra pas aux biens que les enfants pourront acquérir par un travail et une industrie séparés ; ni à ceux qui leur seront donnés ou légués, sous la condition expresse que les père et mère n'en jouiront pas.

Cette liste sera finie
De l'enterrement par les frais,
Et par tous ceux qu'on aura faits.
Pour la dernière maladie.

386. De l'avantage précité
Ne peut jamais jouir celui des père et mère
Contre lequel aurait été
Prononcé le divorce en la forme ordinaire ;
Et quant à la mère, il finit
Dès qu'un second époux avec elle s'unit.

387. Elle ne peut s'étendre aux biens que chaque enfant,
Acquiert par un travail ou par une industrie
Qu'il fait valoir séparément.
Elle est de même anéantie
Lorsqu'il s'agit de biens à lui donnés,
Ou de biens qui lui sont légués,
Sous la condition expresse que le père
De l'enfant, ainsi que sa mère,
Ne pourront pas jouir des biens formant l'objet
Du don ou legs qui sera fait.

TITRE DIXIÈME.

De la Minorité, de la Tutelle et de l'Émancipation.

Décrété le 5 germinal an 11, promulgué le 15 du même mois.

CHAPITRE PREMIER.

De la Minorité.

ART. 388. Le mineur est l'individu de l'un ou de l'autre sexe qui n'a point encore atteint l'âge de vingt-un ans accomplis.

CHAPITRE II.

De la Tutelle.

SECTION PREMIÈRE.

De la Tutelle des père et mère.

ART. 389. Le père est, durant le mariage, administrateur des biens personnels de ses enfants mineurs.

TITRE DIXIÈME.

De la Minorité, de la Tutelle et de l'Emancipation.

Décrété le 5 germinal an 11, promulgué le 15 du même mois.

CHAPITRE PREMIER.

De la Minorité.

388. Le mineur est le personnage
Du sexe masculin ou sexe féminin,
Lequel n'a pas encore atteint
De vingt-un ans accomplis l'âge.

CHAPITRE II.

De la Tutelle.

SECTION PREMIÈRE.

De la Tutelle des père et mère.

389. Le père est administrateur
Des biens de son enfant mineur
De l'hymen pendant l'existence.

Il est comptable, quant à la propriété et aux revenus, des biens dont il n'a pas la jouissance ; et, quant à la propriété seulement, de ceux des biens dont la loi lui donne l'usufruit.

390. Après la dissolution du mariage, arrivée par la mort naturelle ou civile de l'un des époux, la tutelle des enfants mineurs et non émancipés appartient de plein droit au survivant des père et mère.

391. Pourra néanmoins le père nommer à la mère survivante et tutrice un conseil spécial, sans l'avis duquel elle ne pourra faire aucun acte relatif à la tutelle.

Si le père spécifie les actes pour lesquels le conseil sera nommé, la tutrice sera habile à faire les autres sans son assistance.

Il est comptable, et doit être tenu
De la propriété, de plus, du revenu
Des biens dont le mineur garde la jouissance;
Le père également comptable est réputé,
   Mais seulement de la propriété
    De ceux des biens dont il a, comme père,
     L'usufruit que la loi confère.

    390. Quand le mariage est dissous
    Par la mort de l'un des époux,
    Soit civile, soit naturelle,
    En semblable cas, la tutelle
    De l'enfant en minorité,
    Et qui n'est point émancipé,
    Appartient de plein droit au père,
    S'il survit, sinon à la mère.

    391. Néanmoins, il est libre au père
    D'élire et nommer à la mère,
    Alors qu'elle lui survivra
    Et tutrice se trouvera,
Un conseil spécial qu'il faudra qu'elle appelle,
Et sans l'avis duquel la mère ne pourra
    Faire aucun acte qui sera
    Dans le ressort de la tutelle;

    Si le père a déterminé
Les actes pour lesquels le conseil est donné,

392. Cette nomination de conseil ne pourra être faite que de l'une des manières suivantes :

1.º Par acte de dernière volonté ;

2.º Par une déclaration faite, ou devant le juge de paix assisté de son greffier, ou devant notaires.

393. Si, lors du décès du mari, la femme est enceinte, il sera nommé un curateur au ventre par le conseil de famille.

A la naissance de l'enfant, la mère en deviendra tutrice, et le curateur en sera de plein droit le subrogé tuteur.

394. La mère n'est point tenue d'accepter la tutelle ; néanmoins, et en cas qu'elle la refuse, elle devra en remplir les devoirs jusqu'à ce qu'elle ait fait nommer un tuteur.

395. Si la mère tutrice veut se remarier, elle devra, avant l'acte de mariage, con-

La tutrice pourra faire en toute assurance
    Les autres sans son assistance.

392. De ce conseil la nomination
    A lieu par disposition
Mise en l'acte exprimant les volontés dernières,
    Ou bien par déclaration
    Faite toujours devant notaires
    Ou devant le juge de paix
    Que le greffier assiste exprès.

393. Si la femme se trouve enceinte
Lorsque de son époux on voit la vie éteinte,
Un curateur au ventre est aussitôt nommé
    Par le conseil de famille assemblé.

    En tout cas, la mère doit être
Tutrice de l'enfant, alors qu'il vient de naître,
    Et de plein droit le curateur
    En deviendra le subrogé tuteur.

394. La mère n'est jamais tenue
D'accepter la tutelle ; elle doit néanmoins,
    Lorsqu'elle ne l'a point reçue,
    En accomplir les devoirs et les soins,
    Jusqu'à ce qu'elle même fasse
    Nommer un tuteur à sa place.

395. Si la mère ayant la tutelle
Veut se remarier, il faudra qu'elle appelle

voquer le conseil de famille, qui décidera si la tutelle doit lui être conservée.

A défaut de cette convocation, elle perdra la tutelle de plein droit, et son nouveau mari sera solidairement responsable de toutes les suites de la tutelle qu'elle aura indûment conservée.

396. Lorsque le conseil de famille dûment convoqué conservera la tutelle à la mère, il lui donnera nécessairement pour co-tuteur le second mari, qui deviendra solidairement responsable, avec sa femme, de la gestion postérieure au mariage.

Le conseil de famille avant l'acte d'hymen,
  Lequel décide, après mûr examen,
Si l'on doit conserver la tutelle à la mère.

  Lorsqu'elle aura manqué de faire
    Ladite convocation,
  Elle devra, pour cette omission,
    Perdre de plein droit la tutelle,
Et son nouveau mari responsable sera,
    Solidairement avec elle,
    De toutes les suites qu'aura
  Cette tutelle indûment conservée
    Après le nouvel hyménée.

  396. Quand le conseil de famille assemblé,
    Et dans la forme convoqué,
  Conservera la tutelle à la mère,
    Il est tout-à-fait nécessaire
    Qu'aussitôt le second mari
    Pour son co-tuteur soit choisi :
    Cette charge qu'on lui confère,
    Avec sa femme le rendra
    Dès-lors répondant solidaire
    De la gestion qui sera
    Postérieure au mariage
    Dont le nœud tous deux les engage.

*De la Tutelle déférée par le père ou la
mère.*

ART. 397. Le droit individuel de choisir
un tuteur parent, ou même étranger, n'appartient qu'au dernier mourant des père
et mère.

398. Ce droit ne peut être exercé que
dans les formes prescrites par l'article 392,
et sous les exceptions et modifications ci-après.

399. La mère remariée et non maintenue dans la tutelle des enfants de son premier mariage, ne peut leur choisir un tuteur.

400. Lorsque la mère remariée, et maintenue dans la tutelle, aura fait choix d'un
tuteur aux enfants de son premier mariage, ce choix ne sera valable qu'autant

SECTION II.

De la Tutelle déférée par le père ou la mère.

397. Le droit personnel de nommer
Pour tuteur un parent, ou même un étranger,
Regarde seul celui des père et mère
Qui le dernier termine sa carrière.

398. Ce droit s'exercera, sauf les exceptions
Et les modifications
Qu'on va voir ci-dessous décrites,
En suivant les formes prescrites
Par l'article numéroté
Trois cent quatre-vingt-douze, et ci-devant tracé.

399. La mère étant remariée
Sans avoir été conservée
Dans la tutelle qu'elle avait
Et qu'elle-même elle exerçait
Pour ses enfants du premier hyménée,
Ne peut leur choisir un tuteur,
Ou ce choix serait sans valeur.

400. Quand la mère remariée
Dans la tutelle conservée,
Aura fait le choix bien constant
D'un tuteur aux enfants étant

qu'il sera confirmé par le conseil de famille.

401. Le tuteur élu par le père ou la mère, n'est pas tenu d'accepter la tutelle, s'il n'est d'ailleurs dans la classe des personnes qu'à défaut de cette élection spéciale le conseil de famille eût pu en charger.

SECTION III.

De la Tutelle des ascendants.

ART. 402. Lorsqu'il n'a pas été choisi au mineur un tuteur par le dernier mourant de ses père et mère, la tutelle appartient de droit à son aïeul paternel; à défaut de celui-ci, à son aïeul maternel; et ainsi en remontant, de manière que l'ascendant paternel soit toujours préféré à l'ascendant maternel du même degré.

Nés de son premier mariage,
Ce choix d'être valable obtiendra l'avantage,
    Autant qu'il sera confirmé
Par le conseil de famille assemblé.

401. Tuteur choisi par père ou mère
    N'est jamais tenu d'accepter
    La tutelle qu'on lui confère,
S'il n'est point un de ceux qu'en la forme ordinaire
Le conseil de famille en aurait pu charger,
A défaut de ce choix dont on vient de parler.

SECTION III.

De la Tutelle des ascendants.

402. Quand le dernier mourant d'entre les père et mère
    N'a pas fait le choix d'un tuteur
    Pour la personne et les biens du mineur
    De droit, sans obstacle contraire,
La tutelle appartient à l'aïeul paternel;
    A son défaut, à l'aïeul maternel;
    Ainsi de suite en montant, de manière
    Que l'ascendant de la ligne du père
    Soit dans tous les cas préféré
    A l'ascendant du côté de la mère,
    Qui se trouve au même degré.

403. Si , à défaut de l'aïeul paternel et de l'aïeul maternel du mineur, la concurrence se trouvait établie entre deux ascendants du degré supérieur qui appartinssent tous deux à la ligne paternelle du mineur, la tutelle passera de droit à celui des deux qui se trouvera être l'aïeul paternel du père du mineur.

404. Si la même concurrence a lieu entre deux bisaïeuls de la ligne maternelle, la nomination sera faite par le conseil de famille, qui ne pourra néanmoins que choisir l'un de ces deux ascendants.

SECTION IV.

De la Tutelle déférée par le conseil de famille.

ART. 405. Lorsqu'un enfant mineur et non émancipé restera sans père ni mère, ni tuteur élu par ses père ou mère, ni ascendants mâles ; comme aussi lorsque

403. A défaut d'aïeul paternel,
De même qu'à défaut de l'aïeul maternel,
  S'il se trouvait concurrence réelle
    Dans le degré supérieur,
Entre deux ascendants qui tous deux au mineur
    Tinssent par ligne paternelle,
    La tutelle alors passera,
    Sans aucun obstacle contraire,
    A celui des deux qui sera
    Le paternel aïeul du père
    Du mineur dont il s'agira.

404. Si même concurrence a lieu pour la tutelle
Entre deux bisaïeuls de ligne maternelle,
Le conseil de famille, en ce cas, nommera,
  Mais l'un des deux pourtant il choisira.

SECTION IV.

De la Tutelle déférée par le conseil de famille.

405. Lorsqu'un enfant mineur et non émancipé
    Restera sans père ni mère,
  Ni sans avoir aucun tuteur nommé
    Par sa mère ou bien par son père,
    Ni sans aucun mâle ascendant ;

le tuteur de l'une des qualités ci-dessus
exprimées se trouvera ou dans le cas des
exclusions dont il sera parlé ci-après, ou
valablement excusé, il sera pourvu, par
un conseil de famille, à la nomination
d'un tuteur.

406. Ce conseil sera convoqué soit sur
la réquisition et à la diligence des parents
du mineur, de ses créanciers, ou d'autres
parties intéressées, soit même d'office, et à
la poursuite du juge de paix du domicile
du mineur. Toute personne pourra dénoncer à ce juge de paix le fait qui donnera
lieu à la nomination d'un tuteur.

407. Le conseil de famille sera composé,
non compris le juge de paix, de six pa-

De plus, quand le tuteur étant
D'une des qualités ci-devant exprimées,
Se trouvera, par le fait, dans le cas
Des exclusions que plus bas
On pourra voir mentionnées,
Ou bien quand, pour être excusé,
Il fournira raison complette,
L'élection d'un tuteur sera faite
Par le conseil de famille assemblé.

406. D'un tuteur pour l'élection,
De ce conseil la convocation
Doit dans tous les temps être faite
A la diligence et requête
Des parents du mineur, ou de ses créanciers,
Ou des autres particuliers
Que peut intéresser l'élection susdite;
Il peut même être convoqué
D'office, et d'après la poursuite
Du juge de paix préposé
Dans le ressort où se trouve placé
De ce mineur le domicile;
A ce juge, chacun, pour le bien du mineur,
Peut dénoncer le fait qui rend utile
Cette élection de tuteur.

407. Le susdit conseil dont la cause
Est la tutelle, se compose,

rents ou alliés, pris tant dans la commune où la tutelle sera ouverte, que dans la distance de deux myriamètres, moitié du côté paternel, moitié du côté maternel, et en suivant l'ordre de proximité dans chaque ligne.

Le parent sera préféré à l'allié du même degré, et parmi les parents du même degré, le plus âgé, à celui qui le sera le moins.

408. Les frères germains du mineur et les maris des sœurs germaines sont seuls exceptés de la limitation de nombre posée en l'article précédent.

S'ils sont six, ou au-delà, ils seront tous membres du conseil de famille, qu'ils composeront seuls, avec les veuves d'ascen-

Le juge de paix non compris,
D'alliés ou parents jusqu'au nombre de six,
Que l'on choisit et qu'on appelle
Dans la commune où la tutelle
Vient à s'ouvrir légalement ;
De les choisir, on est encor le maître,
Dans un éloignement qui ne sera pourtant
Que d'un double myriamètre :
On en choisit moitié du côté paternel,
Moitié du côté maternel,
Mais en suivant, pour ceux que l'on désigne,
De la proximité l'ordre dans chaque ligne ;

Le parent sera préféré
A l'allié de semblable degré ;
Et parmi les parents ayant degré semblable,
Au plus jeune le plus âgé
Sera constamment préférable.

408. Du mineur, les frères germains
Et les maris des sœurs germaines
Ne peuvent jamais être atteints
Par l'effet des bornes certaines
Mises article précédent,
Pour le nombre voulu de parents de l'enfant.

S'ils sont six, même davantage,
Du conseil de famille ils seront membres tous ;
Lesdits frères et les époux

dants et les ascendants valablement excusés, s'il y en a.

S'ils sont en nombre inférieur, les autres parents ne seront appelés que pour compléter le conseil.

409. Lorsque les parents ou alliés de l'une ou de l'autre ligne se trouveront en nombre insuffisant sur les lieux, ou dans la distance désignée par l'article 407, le juge de paix appellera, soit des parents ou alliés domiciliés à de plus grandes distances, soit, dans la commune même, des citoyens connus pour avoir eu des relations habituelles d'amitié avec le père ou la mère du mineur.

410. Le juge de paix pourra, lors même qu'il y aurait sur les lieux un nombre suffisant de parents ou alliés, permettre de citer, à quelque distance qu'ils soient do-

De le composer seuls obtiendront l'avantage
   Avec les veuves d'ascendants,
Et tous les ascendants valablement exempts
   D'être chargés de la tutelle.

   S'ils sont en nombre inférieur,
   Les autres parents on n'appelle
Que pour rendre complet le conseil du mineur.

   409. Quand les alliés ou parents
   De l'une ou bien de l'autre ligne
En nombre sur les lieux seront insuffisants,
   Ou dans l'espace que désigne
   L'article ci-devant tracé
   Quatre cent sept numéroté,
   Le juge appellera lui-même
   Des parents ou des alliés
   Plus loin lors domiciliés,
   Ou bien prendra dans la commune même
Des citoyens connus pour avoir pratiqué
   Des relations d'amitié
   Dudit mineur avec le père,
   Ou bien encore avec la mère.

   410. Lors même sur les lieux, qu'alliés ou parents
   Par leur nombre sont suffisants,
   Le juge de paix peut permettre
   Que l'on assigne à comparaître

miciliés, des parents ou alliés plus proches en degrés, ou de mêmes degrés que
les parents ou alliés présents; de manière
toutefois que cela s'opère en retranchant
quelques-uns de ces derniers, et sans excéder le nombre réglé par les précédents
articles.

411. Le délai pour comparaître sera réglé par le juge de paix à jour fixe, mais
de manière qu'il y ait toujours, entre la
citation notifiée, et le jour indiqué pour
la réunion du conseil, un intervalle de
trois jours au moins, quand toutes les
parties citées résideront dans la commune,
ou dans la distance de deux myriamètres.

Des parents ou des alliés,
Quoiqu'au loin domiciliés,
Dont la parenté constatée
Du mineur soit plus rapprochée,
Ou de même degré que les autres parents
Et que les alliés présents.
On agira cependant de manière
Qu'en tous les cas cela s'opère,
En ôtant quelques-uns de ces derniers nommés,
Et sans que les parents qui seront conservés
Dans ladite assemblée, excèdent
Le nombre que l'on voit prescrit,
Pour former le conseil susdit,
Par les articles qui précèdent.

411. Pour venir, seront les délais
A jour fixe réglés par le juge de paix,
Mais la chose par lui doit être combinée
Pour qu'entre le jour indiqué
Et la citation dûment notifiée
Pour la réunion du conseil convoqué,
Il se rencontre un intervalle
Qui de trois jours au moins sera,
Et rendra la chose légale
Quand tous ceux que l'on citera
Feront résidence réelle
Dans la commune où naîtra la tutelle,
Ou bien qu'ils compteront pour tout éloignement
Vingt mille mètres seulement.

Toutes les fois que, parmi les parties citées, il s'en trouvera de domiciliées au-delà de cette distance, le délai sera augmenté d'un jour par trois myriamètres.

412. Les parents, alliés ou amis, ainsi convoqués, seront tenus de se rendre en personne, ou de se faire représenter par un mandataire spécial.

Le fondé de pouvoir ne peut représenter plus d'une personne.

413. Tout parent, allié ou ami, convoqué, et qui, sans excuse légitime, ne comparaîtra point, encourra une amende qui ne pourra excéder cinquante francs, et sera prononcée sans appel par le juge de paix.

414. S'il y a excuse suffisante, et qu'il convienne soit d'attendre le membre ab-

Parmi les personnes citées,
Chaque fois qu'il s'en trouvera
Qui seront domiciliées
De cette distance au de-là,
Chaque triple myriamètre
Augmentera d'un jour le délai pour paraître.

412. Les parents et les alliés,
Ou les amis tous ainsi convoqués,
Seront tenus en cette affaire
De venir personnellement,
Ou seront tenus de se faire
Représenter exactement
Par un spécial mandataire.

Le fondé de pouvoir ne pourra cependant
Représenter plus d'un absent.

413. Le parent comme l'allié,
Ou l'ami qu'on a convoqué,
Et qui, sans légitime excuse,
A comparaître se refuse,
De payer une amende en ce cas est forcé.
Elle ne peut être portée
Au de-là de cinquante francs,
Et sans appel, dans tous les temps,
Par le juge de paix doit être prononcée.

414. Si l'excuse suffit et qu'il soit convenant
D'attendre ou remplacer le membre non présent,

sent, soit de le remplacer, en ce cas, comme en tout autre où l'intérêt du mineur semblera l'exiger, le juge de paix pourra ajourner l'assemblée ou la proroger.

415. Cette assemblée se tiendra de plein droit chez le juge de paix, à moins qu'il ne désigne lui-même un autre local. La présence des trois quarts au moins de ses membres convoqués, sera nécessaire pour qu'elle délibère.

416. Le conseil de famille sera présidé par le juge de paix, qui y aura voix délibérative et prépondérante en cas de partage.

417. Quand le mineur, domicilié en France, possédera des biens dans les colonies, ou réciproquement, l'administration spéciale de ces biens sera donnée à un protuteur.

En ce cas, le tuteur et le protuteur seront indépendants, et non responsables

Le juge, en cette conjoncture,
Comme en toute autre où l'intérêt
De l'enfant mineur semblerait
Exiger pareille mesure,
Dès l'instant même aura droit d'ajourner
La susdite assemblée, ou de la proroger.

415. L'assemblée ainsi convoquée,
Chez le juge de paix se tiendra de plein droit,
A moins que pour tenir la susdite assemblée
Il ne désigne un autre endroit.
Il sera toujours nécessaire,
Pour que le conseil délibère,
Que les trois quarts des parents appelés
Y soient présents et rassemblés.

416. Le conseil de famille une fois assemblé,
Par le juge de paix doit être présidé :
Il a voix délibérative,
Et, partage arrivant, sa voix est décisive.

417. Chaque fois qu'un mineur ayant
Sa demeure en France établie,
Possédera dans quelque colonie
Des biens, ou réciproquement,
Avec soin on devra commettre
Pour les gérer un protuteur;

Mais, en pareil cas, le tuteur
Et ledit protuteur ne doivent jamais être

l'un envers l'autre pour leur gestion respective.

418. Le tuteur agira et administrera,
en cette qualité, du jour de sa nomination, si elle a lieu en sa présence, sinon
du jour qu'elle lui aura été notifiée.

419. La tutelle est une charge personnelle qui ne passe point aux héritiers du
tuteur. Ceux-ci seront seulement responsables de la gestion de leur auteur; et,
s'ils sont majeurs, ils seront tenus de la
continuer jusqu'à la nomination d'un nouveau tuteur.

SECTION V.

Du Subrogé tuteur.

ART. 420. Dans toute tutelle, il y aura
un subrogé tuteur, nommé par le conseil
de famille.

Ses fonctions consisteront à agir pour

L'un envers l'autre répondants
De leur gestion respective ;
Au contraire, quoi qu'il arrive,
Tous deux seront indépendants.

418. Le tuteur doit agir en cette qualité,
Et doit administrer, du jour qu'on l'a nommé,
Lorsque l'élection se fait en sa présence,
    Sinon sa gestion commence
Du jour où l'on a fait de cette élection
    Audit tuteur notification.

    419. Aux héritiers du tuteur la tutelle
Ne passe point, la charge est personnelle :
    Seulement envers le mineur
    Ils répondront des faits de leur auteur ;
Si leur majorité se trouve constatée,
La tutelle par eux sera continuée,
    Jusqu'au choix d'un nouveau tuteur.

SECTION V.

Du Subrogé tuteur.

420. Toute tutelle exige un tuteur subrogé
    Par le conseil de famille nommé ;
    Il faut qu'il agisse et milite
    Pour les intérêts du mineur,

les intérêts du mineur, lorsqu'ils seront en opposition avec ceux du tuteur.

421. Lorsque les fonctions du tuteur seront dévolues à une personne de l'une des qualités exprimées aux sections 1, 2 et 3 du présent chapitre, ce tuteur devra, avant d'entrer en fonctions, faire convoquer, pour la nomination du subrogé tuteur, un conseil de famille composé comme il est dit en la section 4.

S'il s'est ingéré dans la gestion avant d'avoir rempli cette formalité, le conseil de famille, convoqué soit sur la réquisition des parents, créanciers ou autres parties intéressées, soit d'office par le juge de paix, pourra, s'il y a eu dol de la part du tuteur, lui retirer la tutelle, sans préjudice des indemnités dues au mineur.

S'ils se trouvent à l'opposite
Des intérêts de son tuteur.

421. Du tuteur quand la fonction
Est dévolue et se trouve donnée
A quelque personne nommée
'Dans la première section,
Ou dans les deuxième et troisième,
Qu'au chapitre présent on a dû remarquer.
Ce tuteur, avant de gérer,
Doit faire convoquer lui-même
De famille un conseil, qui sera composé
Comme il est dit section quatrième,
Pour qu'on procède au choix d'un tuteur subrogé;

Dans la gestion s'il s'ingère,
Avant d'avoir rempli cette formalité,
Le conseil de famille, en ce cas convoqué,
Soit qu'un des parents le requière,
Soit sur la réquisition
D'une personne créancière,
Ou de tout autre ayant intérêt à le faire,
Soit que la convocation
Par le juge de paix soit faite alors d'office,
Pourra, si le tuteur avec dol a géré,
Le déclarer destitué,
Le tout sans aucun préjudice
Des indemnités qu'au mineur
Pourra devoir ledit tuteur.

422. Dans les autres tutelles, la nomination du subrogé tuteur aura lieu immédiatement après celle du tuteur.

423. En aucun cas, le tuteur ne votera pour la nomination du subrogé tuteur, lequel sera pris, hors le cas de frères germains, dans celle des deux lignes à laquelle le tuteur n'appartiendra point.

424. Le subrogé tuteur ne remplacera pas de plein droit le tuteur, lorsque la tutelle deviendra vacante, ou qu'elle sera abandonnée par absence; mais il devra en ce cas, sous peine des dommages-intérêts qui pourraient en résulter pour le mineur, provoquer la nomination d'un nouveau tuteur.

425. Les fonctions du subrogé tuteur cesseront à la même époque que la tutelle.

4:6. Les dispositions contenues dans les sections 6 et 7 du présent chapitre, s'appliqueront aux subrogés tuteurs.

422. La nomination d'un subrogé tuteur
Devra dans toute autre tutelle
Suivre immédiatement celle
Du tuteur qu'on donne au mineur.

423. De voter, le tuteur n'a point permission,
Du subrogé tuteur pour faire élection :
Quand on subroge à la tutelle,
De frères germains, hors ce cas,
Le choix se fait dans la ligne à laquelle
Ledit tuteur n'appartient pas.

424. La tutelle étant en vacance
Ou bien à l'abandon par le fait d'une absence,
Le subrogé tuteur ne remplacera pas
De plein droit le tuteur en l'un et l'autre cas ;
Mais il devra, sous peine d'être
Obligé de payer après
Tous les dommages-intérêts
Qui pourraient résulter et naître
De son retard, à l'égard du mineur,
Faire élire un nouveau tuteur.

425. Du subrogé tuteur la charge cessera
Quand la tutelle finira.

426. Toutes les dispositions
Que l'on va trouver indiquées
Aux deux suivantes sections,
Aux subrogés tuteurs doivent être appliquées ;

I.   22

Néanmoins le tuteur ne pourra provoquer la destitution du subrogé tuteur, ni voter dans les conseils de famille qui seront convoqués pour cet objet.

SECTION VI.

Des Causes qui dispensent de la tutelle.

ART. 427. Sont dispensés de la tutelle :

Les membres des autorités établies par les titres 2, 3 et 4 de l'Acte constitutionnel ;

Les juges au tribunal de cassation, commissaire et substituts près le même tribunal ;

Les commissaires de la comptabilité nationale ;

Néanmoins le tuteur étant en fonction,
Ne pourra provoquer la destitution
Du subrogé tuteur, ni d'aucune manière
Voter dans les conseils de famille assemblés
    Et que l'on aura convoqués
    Pour décider semblable affaire.

SECTION VI.

Des Causes qui dispensent de la tutelle.

427. D'être tuteur sont dispensés :

    Les membres des autorités
Dont le titre deuxième, ainsi que le troisième,
    Avec le titre quatrième,
De l'acte renfermant la constitution
    Contiennent nomination ;

Tous les juges formant le tribunal suprême
Pour la cassation des arrêts mal rendus,
    Commissaires et substituts
Près de ce tribunal, en sont exempts de même ;

Tout commissaire ayant la comptabilité
    Que nationale on appelle,
    Est pareillement exempté
    D'accepter aucune tutelle ;

Les préfets ;

Tous citoyens exerçant une fonction publique dans un département autre que celui où la tutelle s'établit.

428. Sont également dispensés de la tutelle :

Les militaires en activité de service, et tous autres citoyens qui remplissent, hors du territoire de la république, une mission du Gouvernement.

429. Si la mission est non authentique et contestée, la dispense ne sera prononcée qu'après que le Gouvernement se sera expliqué par la voie du ministre dans le département duquel se placera la mission articulée comme excuse.

430. Les citoyens de la qualité exprimée aux articles précédents, qui ont accepté la tutelle postérieurement aux fonctions, services ou missions qui en dispensent, ne seront plus admis à s'en faire décharger pour cette cause.

Tout préfet doit en être exempt,
Ainsi que tout fonctionnaire
En exercice, hors du département
Où la tutelle se défère.

428. Sont dispensés également
D'un tuteur de remplir l'office
Tous les militaires étant
En activité de service ;
Tout autre citoyen en est de même exempt,
Lorsqu'une mission pour le Gouvernement
L'oblige à faire résidence
Hors du territoire de France.

429. Lorsque la mission se trouve contestée,
La dispense, en ce cas, ne sera prononcée
Qu'après que le Gouvernement
Se sera sur ce fait expliqué clairement,
Et l'explication alors sera donnée
Par le ministre ayant dans son département
La mission que l'on présente
Comme une excuse suffisante.

430. Tout citoyen ayant l'une des qualités
Dont on voit la note fidèle
Dans les articles précités,
Quant ils ont reçu la tutelle
Postérieurement auxdites fonctions,
Services ou bien missions,

431. Ceux, au contraire, à qui lesdites fonctions, services ou missions, auront été conférés postérieurement à l'acceptation et gestion d'une tutelle, pourront, s'ils ne veulent la conserver, faire convoquer dans le mois un conseil de famille pour y être procédé à leur remplacement.

Si, à l'expiration de ces fonctions, services ou missions, le nouveau tuteur réclame sa décharge, ou que l'ancien redemande la tutelle, elle pourra lui être rendue par le conseil de famille.

432. Tout citoyen non parent ni allié ne peut être forcé d'accepter la tutelle que dans le cas où il n'existerait pas, dans la distance de quatre myriamètres, des parents ou alliés en état de gérer la tutelle.

Qui peuvent dispenser d'icelle,
Ne seront plus admis à s'en faire exempter
Pour ce motif qu'ils voudraient présenter.

431. Les individus au contraire
A qui l'état donne et confère
Lesdits emplois et fonctions,
Services ou bien missions,
Après qu'ils ont accepté la tutelle,
Et qu'ils ont eu la gestion d'icelle,
S'ils ne veulent la conserver,
Dans le mois feront convoquer
Un conseil de famille afin qu'on y statue
Sur leur remplacement dans la forme voulue.

A l'expiration desdites fonctions,
Services ou bien missions,
Si le nouveau tuteur réclame sa décharge,
Ou que l'ancien redemande sa charge,
Il pourra, dans ce cas, être réintégré
Par le conseil de famille assemblé.

432. Tout citoyen, s'il n'est point allié,
Ou s'il n'est point parent, ne peut être forcé
D'accepter aucune tutelle;
Il y sera contraint au cas
Où, pour administrer icelle,
Alliés ou parents ne se trouveraient pas

433. Tout individu âgé de soixante-cinq ans accomplis peut refuser d'être tuteur. Celui qui aura été nommé avant cet âge, pourra, à soixante-dix ans, se faire décharger de la tutelle.

434. Tout individu atteint d'une infirmité grave et dûment justifiée, est dispensé de la tutelle.

Il pourra même s'en faire décharger, si cette infirmité est survenue depuis sa nomination.

435. Deux tutelles sont, pour toutes personnes, une juste dispense d'en accepter une troisième.

Celui qui, époux ou père, sera déja chargé d'une tutelle, ne pourra être tenu d'en accepter une seconde, excepté celle de ses enfants.

436. Ceux qui ont cinq enfants légitimes, sont dispensés de toute tutelle autre que celle desdits enfants.

Dans un espace qui doit être
D'un quadruple myriamètre.

433. A soixante-cinq ans, quand ils sont accomplis,
D'être tuteur le refus est admis.
Avant cet âge lorsqu'on donne
La tutelle à quelque personne,
A soixante-dix ans, elle peut, sans danger,
Par le conseil s'en faire décharger.

434. Toute infirmité grave et dûment reconnue,
De tutelle peut dispenser,
Et même on peut s'en faire décharger,
Lorsque l'infirmité se trouve survenue
Depuis la tutelle reçue.

435. Deux tutelles seront, pour tout individu,
D'en prendre une troisième une excuse réelle.
Le père ou bien l'époux étant déja pourvu
Du soin d'une seule tutelle,
D'en accepter une autre, en nul cas, n'est tenu,
De ses enfants excepté celle.

436. Ceux ayant cinq enfants légitimement nés
En seront les tuteurs, mais seront dispensés
Pour tous autres enfants de remplir cet office,
Les enfants étant décédés
En activité de service

Les enfants morts en activité de service dans les armées de la république, seront toujours comptés pour opérer cette dispense.

Les autres enfants morts ne seront comptés qu'autant qu'ils auront eux-mêmes laissé des enfants actuellement existants.

437. La survenance d'enfants pendant la tutelle, ne pourra autoriser à l'abdiquer.

438. Si le tuteur nommé est présent à la délibération qui lui défère la tutelle, il devra sur-le-champ, et sous peine d'être déclaré non-recevable dans toute réclamation ultérieure, proposer ses excuses, sur lesquelles le conseil de famille délibérera.

439. Si le tuteur nommé n'a pas assisté à la délibération qui lui a déféré la tutelle, il pourra faire convoquer le conseil de famille pour délibérer sur ses excuses.

Sous les drapeaux français, seront toujours comptés
    Quoiqu'ayant perdu. l'existence,
    Pour opérer cette dispense.
Les autres enfants morts ne compteront qu'autant
Qu'eux-mêmes laisseront quelqu'enfant existant.

    437. Enfant naissant et survenant
    Pendant que dure la tutelle,
    Ne sont pas motif suffisant
    Pour qu'on puisse abdiquer icelle.

438. Si le tuteur nommé se trouve être présent
    Lorsque le conseil délibère
    Et la tutelle lui confère,
    Ce tuteur devra, sur-le-champ,
    Proposer ses motifs d'excuse,
Sur lesquels le conseil délibère à l'instant;
    En agissant différemment,
    Il s'expose à ce qu'on refuse
Les réclamations qu'il pourrait proposer
Ultérieurement afin de s'excuser.

    439. Si la délibération
Contenant du tuteur la nomination,
Est prise en son absence, il aura droit de faire
Convoquer le conseil, afin qu'on délibère
    Sur ses motifs d'exemption.
    A ce sujet, il faut qu'il fasse

Ses diligences, à ce sujet, devront avoir lieu dans le délai de trois jours, à partir de la notification qui lui aura été faite de sa nomination; lequel délai sera augmenté d'un jour par trois myriamètres de distance du lieu de son domicile à celui de l'ouverture de la tutelle : passé ce délai, il sera non-recevable.

440. Si ses excuses sont rejetées, il pourra se pourvoir devant les tribunaux pour les faire admettre; mais il sera, pendant le litige, tenu d'administrer provisoirement.

441. S'il parvient à se faire exempter de la tutelle, ceux qui auront rejeté l'excuse pourront être condamnés aux frais de l'instance.

S'il succombe, il y sera condamné lui-même.

Ses diligences dans l'espace
De trois jours, à partir du jour où l'on aura
  Notifié dans la forme prescrite
    La nomination susdite,
    Lequel délai s'augmentera
    D'un jour pour trente mille mètres,
    Ou bien par trois myriamètres
    De distance, qu'on trouvera
    De l'endroit de la résidence
Du tuteur, à l'endroit où l'on constatera
    Que la tutelle a pris naissance ;
    Une fois ce délai passé,
    Non recevable il est censé.

    440. Si l'on rejette ses excuses
Devant les tribunaux, il pourra se pourvoir
    Pour les faire alors recevoir,
    Quoiqu'on les ait d'abord exclu
Mais il sera tenu, le litige durant,
    De gérer provisoirement.

    441. Si de la charge il obtient la dispense,
Pourront être soumis aux dépens de l'instance
    Les parents ayant prononcé
    De l'excuse l'insuffisance,
S'il succombe lui-même, y sera condamné.

SECTION VII.

De l'Incapacité, des Exclusions et Destitutions de la tutelle.

ART. 442. Ne peuvent être tuteurs ni membres des conseils de famille,

1.º Les mineurs, excepté le père ou la mère;

2.º Les interdits;

3.º Les femmes, autres que la mère et les ascendantes;

4.º Tous ceux qui ont, ou dont les père ou mère ont avec le mineur un procès dans lequel l'état de ce mineur, sa fortune, ou une partie notable de ses biens, sont compromis.

443. La condamnation à une peine afflictive ou infamante emporte de plein droit l'exclusion de la tutelle : elle emporte de même la destitution, dans le cas où il

SECTION VII.

De l'Incapacité, des Exclusions et Destitutions de la tutelle.

442. Des conseils de famille en tout temps sont exclus
Et pour être tuteurs ne seront point reçus,

1.º Les mineurs, excepté la mère ou bien le père,

2.º Les interdits pareillement ;

3.º Les femmes, excepté pourtant
Les ascendantes et la mère ;

4.º Tous les individus ayant,
Ou dont les père ou mère ont au même moment
        Contestation établie
Avec ledit mineur, laquelle, en résultat,
Pourrait de ce mineur compromettre l'état
La fortune, ou d'icelle une grande partie.

443. La condamnation de laquelle dérive
Une peine infamante, ou bien même afflictive,
        Emporte, sans autre raison,
        De la tutelle exclusion,
        Et s'il s'agit d'une tutelle
        Donnée antérieurement,

s'agirait d'une tutelle antérieurement déférée.

444. Sont aussi exclus de la tutelle, et
même destituables, s'ils sont en exercice,

1.° Les gens d'une inconduite notoire;

2.° Ceux dont la gestion attesterait l'incapacité ou l'infidélité.

445. Tout individu qui aura été exclu ou
destitué d'une tutelle, ne pourra être membre d'un conseil de famille.

446. Toutes les fois qu'il y aura lieu à
une destitution de tuteur, elle sera prononcée par le conseil de famille, convoqué
à la diligence du subrogé tuteur, ou d'office par le juge de paix.

Celui-ci ne pourra se dispenser de faire
cette convocation, quand elle sera for-

Elle emporte pareillement
La destitution d'icelle.

444. De la tutelle sont exclus,
Et peuvent même être déchus
S'ils sont alors en exercice,

Ceux dont la gestion devient un sûr indice
Qu'ils n'ont pas la capacité
Ou même la fidélité
En semblable cas suffisante,

Et ceux dont l'inconduite est notoire et constante.

445. De famille, au conseil, ne sera point reçu
Comme membre, un individu
Que l'on aurait jadis exclu de la tutelle,
Ou qu'on aurait privé d'icelle.

446. Toutes les fois qu'il s'agira
De privation de tutelle,
Le conseil de famille aura
Seul droit de prononcer icelle ;
Le conseil sera convoqué
Par les soins diligents du tuteur subrogé ;
Au cas contraire, il faut d'office
Que le juge de paix alors le réunisse ;

Le juge de paix ne pourra
Jamais se dispenser de faire

mellement requise par un ou plusieurs
parents ou alliés du mineur, au degré de
cousin-germain ou à des degrés plus proches.

447. Toute délibération du conseil de famille qui prononcera l'exclusion ou la destitution du tuteur, sera motivée, et ne
pourra être prise qu'après avoir entendu
ou appelé le tuteur.

448. Si le tuteur adhère à la délibération,
il en sera fait mention, et le nouveau tuteur entrera aussitôt en fonctions.

S'il y a réclamation, le subrogé tuteur
poursuivra l'homologation de la délibération devant le tribunal de première instance, qui prononcera, sauf l'appel.

La convocation, alors qu'elle sera
Expressément requise, en la forme ordinaire,
Par un parent, ou par un allié,
Ou par plusieurs, mais qui tous appartiennent
De cousin germain au degré,
A celui qui se trouve être en minorité,
Ou bien encore qui lui tiennent
Par un degré plus rapproché.

447. Toute délibération
Du susdit conseil émanée,
Qui portera l'exclusion,
Ou bien la destitution,
Du tuteur, sera motivée;
De plus, pour la prendre il faudra
Que l'on entende ou qu'on appelle
L'individu qu'on prétendra
Exclure ou priver de tutelle.

448. A la délibération
Si le susdit tuteur adhère,
Il en sera fait mention,
Et le nouveau tuteur pourra, sans qu'on diffère,
Entrer alors en fonction;

Au cas de réclamation,
Le subrogé tuteur, en la forme ordinaire,
Suivra l'homologation
De la délibération,

Le tuteur exclu ou destitué peut lui-même, en ce cas, assigner le subrogé tuteur pour se faire déclarer maintenu en la tutelle.

449. Les parents ou alliés qui auront requis la convocation pourront intervenir dans la cause, qui sera instruite et jugée comme affaire urgente.

SECTION VIII.

De l'Aministration du tuteur.

ART. 450. Le tuteur prendra soin de la personne du mineur, et le représentera dans tous les actes civils.

Il administrera ses biens en bon père de famille, et répondra des dommages-inté-

Devant le tribunal auquel la loi défère
    Les causes d'instance première,
    Lequel, sauf l'appellation,
    Prononcera sur cette affaire.

    Le tuteur qui se voit exclu
Peut lui-même, en ce cas, citer à comparaître
    Le tuteur subrogé, pour être
Dans son droit de tuteur déclaré maintenu.

    449. Les alliés ou les parents
    Ayant requis que l'assemblée
    De famille fût convoquée,
Dans la cause pourront se rendre intervenants,
Et la cause sera lors instruite et jugée
    Comme affaire urgente et pressée.

SECTION VIII.

De l'Administration du tuteur.

450. Le tuteur devra prendre un soin conservateur
    De la personne du mineur ;
Dans les actes civils qu'il conviendra de faire,
    Toujours le représentera.

    De famille comme un bon père,
    Ce tuteur administrera

rêts qui pourraient résulter d'une mauvaise gestion.

Il ne peut ni acheter les biens du mineur, ni les prendre à ferme, à moinsque
le conseil de famille n'ait autorisé le subrogé tuteur à lui en passer bail, ni accepter la cession d'aucun droit ou créance
contre son pupille.

451. Dans les dix jours qui suivront celui de sa nomination, dûment connue de
lui, le tuteur requerra la levée des scellés,
s'ils ont été apposés, et fera procéder immédiatement à l'inventaire des biens du
mineur, en présence du subrogé tuteur.

S'il lui est dû quelque chose par le mineur, il devra le déclarer dans l'inventaire, à peine de déchéance, et ce sur la
réquisition que l'officier public sera tenu

Tous les biens et les héritages
De son pupille, et répondra
Des intérêts et des dommages
Qui pourraient résulter pendant sa fonction
D'une mauvaise gestion.

Acquéreur il ne peut se rendre
Des biens dont son mineur est en possession ;
A bail il ne peut point les prendre,
A moins que le conseil de famille assemblé
N'ait conféré pouvoir au tuteur subrogé
De lui donner d'iceux par bail la jouissance ;
De même il ne peut accepter
La cession d'aucun droit ou créance
Que contre son pupille il faudrait exercer.

451. Dans les dix jours, après sa nomination,
De lui dûment connue, ou dûment approuvée,
Des scellés le tuteur requerra la levée,
Si l'on a fait d'iceux une apposition :
Des biens de son mineur, en la forme ordinaire,
Il fera procéder de suite à l'inventaire,
En présence pourtant du subrogé tuteur.

S'il est créancier du mineur,
Dans l'inventaire il doit déclarer sa créance
Pour éviter la déchéance,
Et cette déclaration
Suivra la réquisition
Que sera tenu de lui faire

de lui en ..ire, et dont mention sera faite au proc ès-verbal.

452. Dans le mois qui suivra la clôture de l'inventaire, le tuteur fera vendre, en présence du subrogé tuteur, aux enchères reçues par un officier public, et après des affiches ou publications dont le procès-verbal de vente fera mention, tous les meubles autres que ceux que le conseil de famille l'aurait autorisé à conserver en nature,

453. Les père et mère, tant qu'ils ont la jouissance propre et légale des biens du mineur, sont dispensés de vendre les meubles, s'ils préfèrent de les garder pour les remettre en nature.

Dans ce cas, ils en feront faire, à leurs frais, une estimation à juste valeur, par un expert qui sera nommé par le subrogé

L'officier public exerçant,
Et dont il sera fait mention à l'instant
    Au procès-verbal d'inventaire.

452. Pendant le mois qui suit immédiatement
    La clôture de l'inventaire,
Du subrogé tuteur en présence pourtant,
    Le tuteur, par le ministère
D'un officier public, fera vendre à l'enchère,
    Après affiches qu'on mettra,
Et publications qu'avec soin on fera,
    Et dont la mention précise
    Au procès-verbal sera mise,
    Tous les meubles dont on saura
    Ledit mineur propriétaire,
    Excepté ceux qu'en cette affaire
    Le conseil aurait regardés
Comme par le tuteur pouvant être gardés.

    453. Tant que le père, ou bien la mère,
Légalement en propre ont le droit de jouir
Des biens dont le mineur est le propriétaire,
De vendre les effets ils peuvent s'abstenir,
    Si les garder est à leur guise,
Pour, par eux, en nature en faire la remise.

    Dans ce cas, à juste valeur,
    A leurs frais ils en feront faire
    Une estimation sincère

tuteur, et prêtera serment devant le juge
de paix : ils rendront la valeur estimative
de ceux des meubles qu'ils ne pourraient
représenter en nature.

454. Lors de l'entrée en exercice de toute
tutelle, autre que celle des père et mère,
le conseil de famille réglera par aperçu,
et selon l'importance des biens régis, la
somme à laquelle pourra s'élever la dépense annuelle du mineur, ainsi que celle
d'administration de ses biens.

Le même acte spécifiera si le tuteur est
autorisé à s'aider, dans sa gestion, d'un
ou plusieurs administrateurs particuliers,
salariés, et gérant sous sa responsabilité.

455. Ce conseil déterminera positivement
la somme à laquelle commencera, pour

Par un expert au choix du subrogé tuteur,
Et qui fera serment, en la forme ordinaire,
 Par-devant le juge de paix :
 Quant à tous ceux de tous lesdits effets,
Dont la remise un jour pourrait être exigée,
 Et qu'en nature ils n'auraient plus,
  Ils seront, en ce cas, tenus
D'en rendre la valeur au taux de la prisée.

454. Lorsqu'un tuteur, autre que père et mère,
  Commencera son ministère,
Par aperçu le conseil réglera,
 Des biens régis vu l'importance,
 La somme à laquelle pourra
S'élever du mineur l'annuelle dépense,
 Ainsi que celle qu'il faudra
 Pour régir les biens qu'il possède.

 Le même acte spécifiera
 Si le tuteur peut à son aide
 Appeler et s'associer
 Un régisseur particulier,
 Ou bien plusieurs ayant salaires,
 Lesquels géreraient les affaires
 Sous la responsabilité
 Du tuteur que l'on a cité.

455. Lorsque les revenus excèdent la dépense,
  Le tuteur place l'excédent;

le tuteur, l'obligation d'employer l'excédant des revenus sur la dépense : cet emploi devra être fait dans le délai de six mois; passé lequel le tuteur devra les intérêts à défaut d'emploi.

456. Si le tuteur n'a pas fait déterminer par le conseil de famille la somme à laquelle doit commencer l'emploi, il devra, après le délai exprimé dans l'article précédent, les intérêts de toute somme non employée, *quelque modique qu'elle soit.*

457. Le tuteur, même le père ou la mère, ne peut emprunter pour le mineur, ni aliéner ou hypothéquer ses biens immeubles, sans y être autorisé par un conseil de famille.

Le conseil doit fixer très-positivement
La somme à laquelle commence
Cette obligation pour le tuteur susdit.
Le délai de six mois est seulement prescrit
Pour que ledit emploi se fasse ;
Passé lequel délai de grace,
A son mineur le tuteur doit
Les intérêts, faute d'emploi.

456. Si le tuteur n'a pas eu la prudence
Par le conseil de faire décider
La somme à laquelle commence
L'emploi de l'excédent qu'il ne doit pas garder,
A l'expiration du terme,
Ou délai qu'exprime et renferme
L'article ci-dessus cité,
Toute somme par lui touchée,
De tuteur en sa qualité,
Et qu'il n'aurait point employée,
Quelque modique qu'elle soit,
Produit des intérêts de droit.

457. Le tuteur, même père ou mère,
Pour le mineur n'a pas droit d'emprunter,
D'aliéner, d'hypothéquer
Les biens, dont la nature est immobiliaire,
Sans être avant autorisé
Par un conseil de famille assemblé.

Cette autorisation ne devra être accordée que pour cause d'une nécessité absolue, ou d'un avantage évident.

Dans le premier cas, le conseil de famille n'accordera son autorisation qu'après qu'il aura été constaté, par un compte sommaire, présenté par le tuteur, que les deniers, effets mobiliers et revenus du mineur sont insuffisants.

Le conseil de famille indiquera, dans tous les cas, les immeubles qui devront être vendus de préférence, et toutes les conditions qu'il jugera utiles.

458. Les délibérations du conseil de famille, relatives à cet objet, ne seront exécutées qu'après que le tuteur en aura demandé et obtenu l'homologation devant le tribunal civil de première instance, qui y statuera en la chambre du conseil, et après avoir entendu le commissaire du Gouvernement.

L'autorisation ne doit être accordée
Que pour nécessité prouvée,
Ou pour un avantage évident et marqué.

Au premier cas, le conseil ne confère
L'autorisation au tuteur nécessaire
Qu'après qu'il est bien constaté,
Au moyen d'un compte sommaire
Par ledit tuteur présenté,
Qu'il se rencontre insuffisance
Dans les effets mobiliers,
Revenus du mineur, enfin dans ses deniers.

Le conseil de famille indiquera d'avance
Ceux des biens immobiliers
Que l'on vendra de préférence,
Et toutes les conditions
Qu'il jugera dans sa prudence
Devoir accompagner les opérations.

458. Toute délibération,
Qui du conseil de famille dérive
Au susdit objet relative,
N'aura son exécution
Qu'après l'homologation
Par le tuteur requise et demandée,
Et sur sa demande, accordée,
Devant le tribunal jugeant
Les causes d'instance première,

459. La vente se fera publiquement, en présence du subrogé tuteur, aux enchères qui seront reçues par un membre du tribunal civil, ou par un notaire à ce commis, et à la suite de trois affiches apposées, par trois dimanches consécutifs, aux lieux accoutumés dans le canton.

Chacune de ces affiches sera visée et certifiée par le maire des communes où elles auront été apposées.

460. Les formalités exigées par les articles 457 et 458, pour l'aliénation des biens du mineur, ne s'appliquent point au cas où un jugement aurait ordonné la licitation sur la provocation d'un co-propriétaire par indivis.

Qui du conseil, en la chambre ordinaire,
Y statuera, mais préalablement
   Écoutera le commissaire
   Élu par le Gouvernement.

459. Publiquement la vente se fera
   Aux enchères que recevra,
Du subrogé tuteur toujours en la présence,
Au tribunal civil un membre ayant séance,
Ou bien même un notaire à cet effet commis;
   Mais, par trois dimanches de suite,
   Il faut que d'abord on ait mis
Aux lieux, dans le canton par l'usage choisis,
Trois affiches marquant cette vente licite.

   Pour cette vente, il est encor requis
   Que de ces affiches chacune
Soit visée, et, de plus, avec attention,
   Certifiée en cette occasion
   Par chaque maire de commune
   Où l'on aura fait l'apposition.

460. Les diverses formalités
Qu'exigent nommément les articles cotés
   Quatre cent cinquante-septième,
   Quatre cent cinquante-huitième,
   Au cas d'aliénation
Des biens dont le mineur est le propriétaire,
   N'ont aucune application

Seulement, et en ce cas, la licitation ne pourra se faire que dans la forme prescrite par l'article précédent : les étrangers y seront nécessairement admis.

461. Le tuteur ne pourra accepter ni répudier une succession échue au mineur, sans une autorisation préalable du conseil de famille : l'acceptation n'aura lieu que sous bénéfice d'inventaire.

462. Dans le cas où la succession répudiée au nom du mineur n'aurait pas été acceptée par un autre, elle pourra être reprise soit par le tuteur, autorisé à cet effet par une nouvelle délibération du conseil de famille, soit par le mineur devenu majeur, mais dans l'état où elle se trouvera lors de la reprise, et sans pouvoir

Lorsqu'il existe en cette affaire
Jugement ordonnant la licitation,
  D'après la provocation
  D'un indivis propriétaire.

La licitation, en ce cas cependant,
  Ne pourra recevoir de suite
  Qu'en suivant la forme prescrite,
Et qu'on voit énoncée article précédent;
  Il devient alors nécessaire
Que tous les étrangers soient admis à l'enchère.

  461. Le tuteur ne peut accepter,
  Et n'a pas droit de rejeter
Une succession au mineur arrivée,
  Sans une autorisation
Du conseil de famille en ce cas émanée,
  Et ladite acceptation,
  Dans tous les cas, devra se faire
  Sous bénéfice d'inventaire.

  462. Toutes les fois que la succession,
  Au nom du mineur rejetée,
  N'est point par un autre acceptée,
  Par le tuteur, avec raison,
  Elle peut être alors reprise;
  Mais il faut qu'à ce l'autorise
  Une délibération
  Par le conseil de nouveau prise.

attaquer les ventes et autres actes qui auraient été légalement faits durant la vacance.

463. La donation faite au mineur ne pourra être acceptée par le tuteur qu'avec l'autorisation du conseil de famille.

Elle aura, à l'égard du mineur, le même effet qu'à l'égard du majeur.

464. Aucun tuteur ne pourra introduire en justice une action relative aux droits immobiliers du mineur, ni acquiescer à une demande relative aux mêmes droits, sans l'autorisation du conseil de famille.

Le mineur peut également,
Devenu majeur, y prétendre,
Mais telle qu'elle est au moment
Qu'il est en droit de la reprendre,
Sans qu'il soit en cas d'attaquer
Toutes ventes et tout autre acte
Passé d'une manière exacte
Tout le temps qu'elle a pu vaquer.

463. Quand on fait au mineur une donation,
Par le tuteur elle n'est acceptée
Qu'avec l'autorisation
Par le conseil de famille accordée.

Elle a vis-à-vis du mineur
Le même effet qu'à l'égard du majeur.

464. Sans une autorisation
Par le conseil de famille accordée
En justice, aucune action
Par le tuteur ne peut être formée,
Toutes fois qu'il est question
De droits, dont la nature est immobiliaire,
Et dont ledit mineur est le propriétaire ;
De même il ne peut approuver
Nulle demande relative
Aux droits dont on vient de parler,
Sans que le conseil le prescrive.

465. La même autorisation sera nécessaire au tuteur pour provoquer un partage ; mais il pourra, sans cette autorisation, répondre à une demande en partage dirigée contre le mineur.

466. Pour obtenir à l'égard du mineur tout l'effet qu'il aurait entre majeurs, le partage devra être fait en justice, et précédé d'une estimation faite par experts nommés par le tribunal civil du lieu de l'ouverture de la succession.

Les experts, après avoir prêté devant le président du même tribunal, ou autre juge par lui délégué, le serment de bien et fidèlement remplir leur mission, procéderont à la division des héritages et à la formation des lots, qui seront tirés au sort, et en présence soit d'un membre du tribunal, soit d'un notaire par lui commis, lequel fera la délivrance des lots.

465. L'autorisation susdite
Est nécessaire au tuteur, et prescrite
Pour provoquer partage ou liquidation ;
 Mais, sans autorisation,
 Il pourra répondre de suite
A la demande, à fin de partager,
Que contre le mineur on pourrait diriger.

466. Pour obtenir, à l'égard du mineur,
Tout l'effet qu'il aurait vis-à-vis d'un majeur
En justice, il faudra qu'on fasse le partage,
Et qu'il soit précédé d'une estimation
 Faite, en ce cas, suivant l'usage,
 Par experts, dont l'élection
Dépend du tribunal du lieu de l'ouverture
De la succession en cette conjoncture.

 Lesdits experts, après avoir prêté
 Devant le membre ayant la présidence
Du tribunal civil, ou bien en la présence
 D'un juge par lui délégué,
Le serment de remplir avec soin, avec zèle,
 Leur mission, procéderont
 A la division fidèle
 Des héritages, et feront
 Les lots qui, dans ce cas, feront,
Pour éviter tout dol et toute préférence,
 Tirés au sort, en la présence,

Tout autre partage ne sera considéré que comme provisionnel.

467. Le tuteur ne pourra transiger au nom du mineur, qu'après y avoir été autorisé par le conseil de famille, et de l'avis de trois jurisconsultes désignés par le commissaire du Gouvernement près le tribunal civil.

La transaction ne sera valable qu'autant qu'elle aura été homologuée par le tribunal civil, après avoir entendu le commissaire du Gouvernement.

468. Le tuteur qui aura des sujets de mécontentement graves sur la conduite du

Soit d'un membre du tribunal,
Soit en présence d'un notaire,
Dont il fera choix spécial,
Lequel aussitôt devra faire
Des lots délivrance sincère.

Tout partage fait en suivant
Une autre méthode et manière,
Sera regardé comme étant
Fait provisionnellement.

467. Au nom de son mineur pour qu'un tuteur transige,
En tout temps il faut qu'on exige
Qu'à cet effet il soit autorisé
Par le conseil de famille assemblé.
De plus, il faut qu'il s'en réfère
A trois hommes de loi, sur le droit consultant,
Désignés par le commissaire
Qu'auprès du tribunal met le Gouvernement.

Cette transaction n'est valable qu'autant
Que par le tribunal elle est homologuée.
Cette formalité ne peut être pourtant
Par ledit tribunal donnée,
Qu'après avoir sur l'affaire entendu
Par le Gouvernement le commissaire élu.

468. Toutes les fois que le mineur
Aura mécontenté gravement le tuteur,

mineur, pourra porter ses plaintes à un conseil de famille, et, s'il y est autorisé par ce conseil, provoquer la réclusion du mineur, conformément à ce qui est statué à ce sujet au titre *de la Puissance paternelle.*

SECTION IX.

Des Comptes de la tutelle.

ART. 469. Tout tuteur est comptable de sa gestion lorsqu'elle finit.

470. Tout tuteur, autre que le père et la mère, peut être tenu, même durant la tutelle, de remettre au subrogé tuteur des états de situation de sa gestion, aux époques que le conseil de famille aurait jugé à propos de fixer, sans néanmoins que le tuteur puisse être astreint à en fournir plus d'un chaque année.

Celui-ci pourra, sans rien feindre,
Au conseil de famille aller alors se plaindre,
Et si par ce conseil il est autorisé,
    Du mineur provoquer de suite
L'incarcération pour mauvaise conduite,
    Conformément à ce qu'on voit tracé,
    A ce sujet, au titre qui s'appelle
    De la Puissance paternelle.

SECTION IX.

Des Comptes de la tutelle.

469. Tout tuteur doit fournir compte de sa tutelle
    A l'expiration d'icelle.

    470. Tout tuteur, autre que le père,
    Et de même autre que la mère,
    Peut être toujours obligé
A remettre et fournir au tuteur subrogé,
    Pendant le cours de la tutelle,
    États de situation,
    Démontrant que la gestion
    N'a pas cessé d'être fidelle
    Aux époques qu'aurait jugé
A propos de fixer le conseil assemblé,
    Sans néanmoins que le tuteur puisse être

Ces états de situation seront rédigés et remis, sans frais, sur papier non timbré, et sans aucune formalité de justice.

471. Le compte définitif de tutelle sera rendu aux dépens du mineur, lorsqu'il aura atteint sa majorité ou obtenu son émancipation : le tuteur en avancera les frais.

On y allouera au tuteur toutes dépenses suffisamment justifiées, et dont l'objet sera utile.

472. Tout traité qui pourra intervenir entre le tuteur et le mineur devenu majeur, sera nul, s'il n'a été précédé de la reddition d'un compte détaillé, et de la remise des pièces justificatives, le tout constaté par un *récépissé* de l'oyant

Astreint d'en fournir et remettre
Plus d'un chaque année, et de plus,

Lesdits états seront rédigés et rendus
Sur papier non timbré, sans frais, et sans qu'on puisse
    Exiger qu'ils soient revêtus
    Des formalités de justice.

    471. Le compte fait définitivement,
      Qui terminera la tutelle,
Aux dépens du mineur, se rendra constamment
Quand sa majorité se trouvera réelle,
    Ou qu'il aura l'obtention
    De son émancipation.
    Le tuteur doit faire l'avance
Des frais auxquels ce compte aura donné naissance.

    Toutes les dépenses ayant
    Un but d'utilité constant,
   Et qui seront dûment justifiées,
    Au tuteur seront allouées.

    472. Tout traité qui pourrait se faire
    Entre un tuteur et son mineur,
    Celui-ci, devenu majeur,
    Sera nul de toute manière,
    S'il ne se trouve précédé
De la reddition d'un compte détaillé,
    Et de la remise complette

compte, dix jours au moins avant le
traité.

473. Si le compte donne lieu à des contestations, elles seront poursuivies et jugées
comme les autres contestations en matière
civile.

474. La somme à laquelle s'élèvera le reliquat dû par le tuteur, portera intérêt,
sans demande, à compter de la clôture du
compte.

Les intérêts de ce qui sera dû au tuteur
par le mineur, ne courront que du jour
de la sommation de payer, qui aura suivi
la clôture du compte.

475. Toute action du mineur contre son
tuteur, relativement aux faits de la tutelle,
se prescrit par dix ans, à compter de la
majorité.

Des pièces de dépense et pièces de recette,
    Le tout doit être constaté
Par un *récépissé* qu'il sera nécessaire
    Que l'oyant compte en cette affaire,
Donne dix jours au moins avant ledit traité.

473. Si le compte, que l'on veut rendre,
    Des contestations engendre,
    En ce cas on les poursuivra,
    Et jugement interviendra,
    Comme on a coutume de faire
Pour d'autres différents en civile matière.

474. Toute somme à laquelle monte
Le reliquat que le tuteur redoit,
    Produit des intérêts de droit
    Depuis la clôture du compte.

Les intérêts de ce que le mineur
    Se trouve devoir au tuteur,
Ne courront que du jour où de payer la dette
    On aura fait sommation,
    Après la clôture parfaite
    Dudit compte de gestion.

475. Toute action au mineur personnelle,
Dont le tuteur pourrait se voir inquiété,
    A cause des faits de tutelle,
Se prescrit constamment, et tombe en nullité
Par dix ans, à compter de la majorité.

CHAPITRE III.

De l'Emancipation.

ART. 476. Le mineur est émancipé de plein droit par le mariage.

477. Le mineur, même non marié, pourra être émancipé par son père, ou, à défaut de père, par sa mère, lorsqu'il aura atteint l'âge de quinze ans révolus.

Cette émancipation s'opérera par la seule déclaration du père ou de la mère, reçue par le juge de paix assisté de son greffier.

478. Le mineur resté sans père ni mère pourra aussi, mais seulement à l'âge de dix-huit ans accomplis, être émancipé, si le conseil de famille l'en juge capable.

En ce cas, l'émancipation résultera de la délibération qui l'aura autorisée, et de la déclaration que le juge de paix, comme

CHAPITRE III.

De l'Emancipation.

476. De plein droit le mineur a, par le mariage,
  D'être émancipé l'avantage.

477. L'individu mineur, même non marié,
Par son père, en tout cas, peut être émancipé,
  Ou bien, à défaut de son père,
  Il peut l'être encor par sa mère,
De quinze ans révolus alors qu'il est âgé.

  L'émancipation s'opère
Par déclaration du père ou de la mère,
Reçue, en pareil cas, par le juge de paix,
  De son greffier assisté tout exprès.

  478. Le mineur demeuré sans père,
  Et celui qui n'a plus de mère,
  Peut de même, mais seulement
  De dix-huit ans quand il a l'âge,
  Être émancipé, si pourtant
Le conseil assemblé juge décidément
Que de ce droit il peut sagement faire usage.

  En pareil cas, l'émancipation
  Est le résultat nécessaire

président du conseil de famille, aura faite dans le même acte, que *le mineur est éman-cipé.*

479. Lorsque le tuteur n'aura fait au-cune diligence pour l'émancipation du mineur dont il est parlé dans l'article pré-cédent, et qu'un ou plusieurs parents ou alliés de ce mineur, au degré de cousin germain, ou à des degrés plus proches, le jugeront capable d'être émancipé, ils pourront requérir le juge de paix de con-voquer le conseil de famille pour délibérer à ce sujet.

Le juge de paix devra déférer à cette réquisition.

De la délibération,
　Qui l'autorise et la confère,
　Et de la déclaration
Que le juge de paix, d'une manière exacte,
De famille au conseil comme ayant présidé,
　Aura faite dans le même acte
　Que le mineur se trouve émancipé.

479. Quand le tuteur n'a fait aucune diligence,
Pour qu'on émancipât, par un acte constant,
Le mineur qu'a cité l'article précédent,
　Et qu'il avait sous sa puissance,
　Et du mineur, qu'un ou plus d'un parent,
Ou des individus qui lui sont seulement
　Parents à titre d'alliance,
　Au degré de cousins germains,
　Ou dans des degrés plus prochains,
Jugent que le mineur, par sa bonne conduite,
　Mérite d'être émancipé de suite,
Ils peuvent requérir, dans cette opinion,
Que le juge de paix, en la forme ordinaire,
　Fasse la convocation
Du conseil de famille, afin qu'on délibère
　Sur cette émancipation.

　A cette réquisition,
Il faudra que le juge, en pareil cas, défère.

480. Le compte de tutelle sera rendu au mineur émancipé, assisté d'un curateur qui lui sera nommé par le conseil de famille.

481. Le mineur émancipé passera les baux dont la durée n'excédera point neuf ans; il recevra ses revenus, en donnera décharge, et fera tous les actes qui ne sont que de pure administration, sans être restituable contre ces actes dans tous les cas où le majeur ne le serait pas lui-même.

482. Il ne pourra intenter une action immobilière, ni y défendre, même recevoir et donner décharge d'un capital mobilier, sans l'assistance de son curateur, qui, au dernier cas, surveillera l'emploi du capital reçu.

480. L'émancipé mineur pourra se faire rendre
Le compte de tutelle, et devra, pour l'entendre,
   Être assisté d'un curateur, nommé
   Par le conseil de famille assemblé.

    481. L'émancipé mineur pourra
    Passer les baux, dont la durée
Au-delà de neuf ans ne sera point fixée :
    Ses revenus il recevra,
    Et la décharge en donnera,
    Et, de plus, il sera capable
    De faire, en chaque occasion,
Tous les actes qui sont de simple gestion.
    Ledit mineur n'est point restituable
    Contre ces actes, dans les cas
Où l'on sait qu'un majeur lui-même ne l'est pas.

    482. Nulle action ne peut être intentée,
    Ni défendue, ou rejetée,
Quand son objet est immobilier,
Par le mineur, dont on vient de parler,
    Qui n'a pas même la puissance
    De recevoir, et de donner quittance
    D'un capital mobilier,
Sans que d'un curateur il soit sous l'assistance,
Et ledit curateur, au dernier cas prévu,
Doit surveiller l'emploi du capital reçu.

483. Le mineur émancipé ne pourra faire d'emprunts, sous aucun prétexte, sans une délibération du conseil de famille, homologuée par le tribunal civil, après avoir entendu le commissaire du Gouvernement.

484. Il ne pourra non plus vendre ni aliéner ses immeubles, ni faire aucun acte autre que ceux de pure administration, sans observer les formes prescrites au mineur non émancipé.

A l'égard des obligations qu'il aurait contractées par voie d'achats ou autrement, elles seront réductibles en cas d'excès : les tribunaux prendront, à ce sujet, en considération la fortune du mineur,

483. Ledit mineur ne pourra faire
D'emprunts en aucune manière,
Sans la délibération
Par le conseil de famille arrêtée,
Et par l'homologation
Du tribunal civil, en outre confirmée,
Après avoir ouï préliminairement
Le commissaire élu par le Gouvernement.

484. Il ne pourra faire aucun acte,
Autre que ceux de simple gestion ;
Il ne pourra, par aucun pacte,
Faire l'aliénation
Des biens, dont la nature est immobiliaire,
Et dont il est propriétaire,
Sans avoir d'avance observé
Les formes qu'on vient de prescrire
Au mineur non émancipé.
En cas d'excès, on peut faire réduire
Toute obligation et tout engagement
Que, d'achat par la voie, ou bien tout autrement,
Ledit mineur a pu souscrire.

Les tribunaux devront, à cette occasion,
Prendre en considération,
Du mineur engagé la fortune ordinaire,
La bonne ou la mauvaise foi
Des personnes, ayant avec lui fait affaire,

la bonne ou mauvaise foi des personnes qui auront contracté avec lui, l'utilité ou l'inutilité des dépenses.

485. Tout mineur émancipé, dont les engagements auraient été réduits en vertu de l'article précédent, pourra être privé du bénéfice de l'émancipation, laquelle lui sera retirée en suivant les mêmes formes que celles qui auront eu lieu pour la lui conférer.

486. Dès le jour où l'émancipation aura été révoquée, le mineur rentrera en tutelle, et y restera jusqu'à sa majorité accomplie.

487. Le mineur émancipé qui fait un commerce, est réputé majeur pour les faits relatifs à ce commerce.

Des dépenses, et de l'emploi
L'inutilité démontrée,
Ou bien l'utilité prouvée.

485. L'émancipé mineur, dont quelqu'engagement,
D'après l'article précédent,
Aurait été réduit par la justice,
Pourra dès-lors, à bon droit et raison,
Être privé du bénéfice
De son émancipation ;
Mais afin qu'on la lui ravisse,
On devra suivre exactement
Les formes dont précédemment
Il aura fallu faire usage,
Afin de l'émanciper d'âge.

486. Dès le moment où l'on verra
L'émancipation ravie,
Le mineur en tutelle aussitôt rentrera,
Et pour lors il y restera
Jusqu'à majorité tout-à-fait accomplie.

487. Ledit émancipé mineur
Qui fait par lui-même un commerce,
Est toujours réputé majeur
Pour les faits relatifs au trafic qu'il exerce.

~~~~~~~~~~~~~~~~~~~~~~~~~~~~~~

TITRE ONZIÈME.

De la Majorité, de l'Interdiction et du Conseil judiciaire.

Décrété le 8 germinal an 11 , promulgué le 18 du même mois.

CHAPITRE PREMIER.

De la Majorité.

Art. 488. La majorité est fixée à vingt-un ans accomplis ; à cet âge, on est capable de tous les actes de la vie civile, sauf la restriction portée au titre *du Mariage.*

~~~~~~~~~~~~~~~~~~~~~~~~~~~~~~~~~~~

TITRE ONZIÈME.

De la Majorité, de l'Interdiction et du Conseil judiciaire.

Décrété le 8 germinal an 11, promulgué le 18 du même mois.

CHAPITRE PREMIER.

De la Majorité.

488. A vingt-un ans l'âge est noté
Pour avoir la majorité:
De ses droits on peut faire usage,
Et l'on est capable, à cet âge,
Des actes que fait constamment
Celui qui vit civilement,
Sauf la restriction donnée
Par le titre *de l'Hyménée.*

CHAPITRE II.

De l'Interdiction.

Art. 489. Le majeur qui est dans un état habituel d'imbécillité, de démence ou de fureur, doit être interdit, même lorsque cet état présente des intervalles lucides.

490. Tout parent est recevable à provoquer l'interdiction de son parent. Il en est de même de l'un des époux à l'égard de l'autre.

491. Dans le cas de fureur, si l'interdiction n'est provoquée ni par l'époux ni par les parents, elle doit l'être par le commissaire du Gouvernement, qui, dans les cas d'imbécillité ou de démence, peut aussi la provoquer contre un individu qui n'a ni époux, ni épouse, ni parents connus.

CHAPITRE II.

De l'Interdiction.

489. Doit être interdit le majeur
Qu'on voit fréquemment en fureur,
Dans une démence constante,
Ou frappé d'imbécillité,
Encor que son état présente
Des moments de lucidité.

490. L'interdiction d'un parent
Peut être, sans empêchement,
Par un autre parent requise.
L'un des époux pareillement
Peut requérir valablement
Que l'autre époux l'on interdise.

491. Dans le cas de fureur marquée,
Si l'interdiction n'est point
Sollicitée et provoquée
Par les parents et le conjoint,
Expressément elle doit l'être
Par le commissaire exerçant
Pour le fait du Gouvernement,
Qui, lorsqu'il parvient à connaître
Quelque cas d'imbécillité,

492. Toute demande en interdiction sera portée devant le tribunal de première instance.

493. Les faits d'imbécillité, de démence ou de fureur seront articulés par écrit. Ceux qui poursuivront l'interdiction présenteront les témoins et les pièces.

494. Le tribunal ordonnera que le conseil de famille, formé selon le mode déterminé à la section IV du chapitre II du titre *de la Minorité, de la Tutelle et de l'Emancipation*, donne son avis sur l'état de la personne dont l'interdiction est demandée.

Ou de démence, a faculté
De requérir que l'on proclame,
Comme interdit, l'individu
Qui n'a lors ni mari ni femme,
Et n'a point de parent connu.

492. Toute demande qu'on fera
En interdiction, sera
Toujours portée en la présence
Du tribunal qui jugera
Les causes de première instance.

493. Les faits, et chaque circonstance
D'imbécillité, de démence
Ou de fureur, notés seront
Par écrit, et ceux qui feront
Provocation et poursuite
De l'interdiction susdite,
Pièces et témoins fourniront.

494. Le tribunal ordonnera
Que de famille on formera
Conseil, selon le mode même
Que l'on a déja vu noté
En la section *quatrième*,
Portée au chapitre *deuxième*,
Titre *de la Minorité*,
Émancipation, *Tutelle*,
(Ainsi que toujours il s'appelle)

495. Ceux qui auront provoqué l'interdiction ne pourront faire partie du conseil de famille : cependant l'époux ou l'é-
pouse, et les enfants de la personne dont
l'interdiction sera provoquée, pourront y
être admis sans y avoir voix délibérative.

496. Après avoir reçu l'avis du conseil
de famille, le tribunal interrogera le défendeur à la chambre du conseil : s'il ne
peut s'y présenter, il sera interrogé dans
sa demeure, par l'un des juges à ce commis, assisté du greffier. Dans tous les cas,
le commissaire du Gouvernement sera présent à l'interrogatoire.

Alors le conseil précité
Ouvre son avis, et le donne
Dessus l'état de la personne
Qu'il est en ce cas question
De mettre en interdiction.

495. Ceux qui de l'interdiction
Auront fait provocation,
Ne pourront pas faire partie
Du conseil formé sur le champ
Par la famille réunie.
En ce cas, le conjoint, pourtant,
Ou la conjointe, et chaque enfant
De l'individu qu'on suppose,
Pour les motifs que l'on expose,
A l'interdiction sujet,
Y seront admis, mais, de fait,
N'auront pas la prérogative
De la voix délibérative.

496. Après que du conseil l'avis
Au tribunal sera transmis,
Le tribunal, dans cette affaire,
Aussitôt interrogera
Celui qui défendeur sera,
Et ce, dans la chambre ordinaire,
Où le conseil s'assemblera.
S'il n'y peut venir, il faudra

497. Après le premier interrogatoire, le tribunal commettra, s'il y a lieu, un administrateur provisoire, pour prendre soin de la personne et des biens du défendeur.

498. Le jugement sur une demande en interdiction, ne pourra être rendu qu'à l'audience publique, les parties entendues ou appelées.

499. En rejetant la demande en interdiction, le tribunal pourra néanmoins, si les circonstances l'exigent, ordonner que le défendeur ne pourra désormais plaider, transiger, emprunter, recevoir un capital mobilier, ni en donner décharge, aliéner

Qu'à l'endroit de sa résidence
Il soit alors interrogé
Par un juge de ce chargé,
Du greffier ayant l'assistance.
L'interrogatoire pourtant,
Dans tous les cas devra se faire
En présence du commissaire
Élu par le Gouvernement.

497. Le premier interrogatoire
Étant terminé, s'il le faut,
Le tribunal nomme aussitôt
Administrateur provisoire,
Pour soigner, par tous les moyens,
Du défendeur personne et biens.

498. D'interdiction sur demande,
Publiquement il faut qu'on rende
A l'audience jugement;
Mais il faut aussi qu'on entende
Chaque partie auparavant,
Ou qu'exactement on la mande.

499. Quand la demande présentée
Pour interdire est rejetée,
Le tribunal, en ce cas, peut,
Si la circonstance le veut,
Ordonner, sans que rien arrête,
Que le défendeur désormais

ni grever ses biens d'hypothèques, sans
l'assistance d'un conseil qui lui sera nommé
par le même jugement.

500. En cas d'appel du jugement rendu
en première instance, le tribunal d'appel
pourra, s'il le juge nécessaire, interroger
de nouveau, ou faire interroger par un
commissaire, la personne dont l'interdiction est demandée.

501. Tout jugement portant interdiction,
ou nomination d'un conseil, sera, à la
diligence des demandeurs, levé, signifié
à partie, et inscrit, dans les dix jours,
sur les tableaux qui doivent être affichés

Ne pourra suivre aucun procès,
Ni contracter aucune dette,
Vendre ses biens, faire recette
D'un capital mobilier,
En donner valable décharge,
Grever ses biens d'aucune charge,
Transiger, se concilier
Sans l'assistance salutaire
D'un conseil que lui nommera
Le jugement que l'on devra
Rendre aussitôt dans cette affaire.

500. En cas d'appel du jugement
Qu'on rend en instance première,
D'appel le tribunal jugeant
Pourra, s'il le croit nécessaire,
Pour guider sa décision,
Lui-même interroger, ou faire
Interroger par commissaire
L'être dont l'interdiction
Est demandée en cette affaire.

501. Jugement d'interdiction,
Ou bien de nomination
D'un conseil, à la diligence
Des demandeurs, dans cette instance,
Doit être levé, dénoncé
A partie, enfin énoncé

dans la salle de l'auditoire, et dans les études des notaires de l'arrondissement.

502. L'interdiction ou la nomination d'un conseil aura son effet du jour du jugement. Tous actes passés postérieurement par l'interdit, ou sans l'assistance du conseil, seront nuls de droit.

503. Les actes antérieurs à l'interdiction pourront être annullés, si la cause de l'interdiction existait notoirement à l'époque où ces actes ont été faits.

504. Après la mort d'un individu, les actes par lui faits ne pourront être atta-

Dans les dix jours, sans négligence,
Sur les divers tableaux devant
Rester affichés constamment
De l'auditoire dans la salle,
Et dans les études servant
A tous les notaires étant,
Par nomination légale,
Placés dans l'arrondissement.

502. La valable interdiction,
Ou d'un conseil l'élection,
A force à partir de la date
Du jugement qui la constate.
Tous actes faits par l'interdit,
Après le jugement susdit,
Ou du conseil sans l'assistance,
N'auront ni valeur ni puissance.

503. Actes, dont la passation
Précède l'interdiction,
Peuvent être annullés, par suite
De l'interdiction susdite,
Lorsque sa cause et ses sujets
Existaient sans nulle équivoque,
Et notoirement à l'époque
Où ces actes ont été faits.

504. De quelqu'un après le décès,
Les divers actes par lui faits

qués pour cause de démence, qu'autant
que son interdiction aurait été prononcée
ou provoquée avant son décès, à moins
que la preuve de la démence ne résulte
de l'acte même qui est attaqué.

505. S'il n'y a pas d'appel du jugement
d'interdiction rendu en première instance,
ou s'il est confirmé sur l'appel, il sera
pourvu à la nomination d'un tuteur et
d'un subrogé tuteur à l'interdit, suivant
les règles prescrites au titre *de la Minorité*, *de la Tutelle et de l'Emancipation*. L'administrateur provisoire cessera
ses fonctions, et rendra compte au tuteur
s'il ne l'est pas lui-même.

Ne pourront être atteints pour cause
De la démence qu'on expose,
Qu'autant que l'interdiction,
De la personne en question,
Aurait, dans la forme marquée,
Été prescrite ou provoquée
Avant que son trépas advint,
A moins pourtant que le même acte
Que l'on attaque, ne contint
De la démence preuve exacte.

505. Alors qu'un jugement, rendu
Par juge d'instance première,
Interdit un individu,
Et n'est, en aucune manière,
Suivi d'une appellation ;
Ou, sur l'appel qu'on en peut faire,
S'il obtient confirmation,
De cette interdite personne
Il faut qu'un tuteur soit chargé ;
Et, de plus, il faut qu'on lui donne
De suite un tuteur subrogé,
Suivant chaque règle formelle
Du titre qu'on a rédigé
Pour *minorité*, pour *tutelle*,
Et pour *émancipation* ;
Et l'administrateur précaire

506. Le mari est, de droit, le tuteur de sa femme interdite.

507. La femme pourra être nommée tutrice de son mari. En ce cas, le conseil de famille réglera la forme et les conditions de l'administration, sauf le recours devant les tribunaux, de la part de la femme qui se croirait lésée par l'arrêté de la famille.

508. Nul, à l'exception des époux, des ascendants et descendants, ne sera tenu de conserver la tutelle d'un interdit au-delà de dix ans. À l'expiration de ce délai, le tuteur pourra demander et devra obtenir son remplacement.

Cessera toute fonction,
Et rendra son compte sincère
Au tuteur choisi dans ce cas,
Lorsque lui-même ne l'est pas.

506. La femme interdite reçoit
Son mari pour tuteur, de droit.

507. Femme peut obtenir aussi
La tutelle de son mari ;
Mais le conseil règle la forme ;
De plus, chaque condition
De cette administration,
Pour que la femme s'y conforme.
Devant les tribunaux toujours
Elle a néanmoins son recours,
Alors qu'elle a dans la pensée
Qu'elle est par l'arrêté lésée.

508. Nul, excepté les ascendants,
Les descendants, et ceux qu'engage
Le nœud d'un formel mariage,
Ne peut être, dans aucun temps,
Tenu de garder la tutelle
D'un interdit, plus de dix ans.
A l'expiration réelle
De ce délai, tuteur a droit
De demander lui-même, et doit

509. L'interdit est assimilé au mineur, pour sa personne et pour ses biens : les lois sur la tutelle des mineurs s'appliqueront à la tutelle des interdits.

510. Les revenus d'un interdit doivent être essentiellement employés à adoucir son sort et à accélérer sa guérison. Selon les caractères de sa maladie et l'état de sa fortune, le conseil de famille pourra arrêter qu'il sera traité dans son domicile, ou qu'il sera placé dans une maison de santé, et même dans un hospice.

Obtenir que le conseil fasse
Le choix d'un autre pour sa place.

509. L'interdit dont on a parlé,
Au mineur est assimilé
Pour ses biens et pour sa personne :
En conséquence, on subordonne
La tutelle des interdits
Au régime exact et précis
Des lois propres à la tutelle
De ceux que mineurs on appelle.

510. Les revenus qui proviendront
Des biens d'un interdit, devront,
L'humanité servant de guide,
Être dès-lors employés tous
A rendre son destin plus doux,
Et sa guérison plus rapide.
Quand le conseil, en résultat,
De cet interdit apprécie
Le genre de la maladie
Et de la fortune l'état,
Il peut, par un principe utile,
Prendre aussitôt un arrêté
Pour que l'interdit soit traité
Dans le lieu de son domicile,
Ou bien pour qu'il soit transporté,
Si cette mesure est propice,

511. Lorsqu'il sera question du mariage de l'enfant d'un interdit, la dot, ou l'avancement d'hoirie, et les autres conventions matrimoniales, seront réglés par un avis du conseil de famille, homologué par le tribunal, sur les conclusions du commissaire du Gouvernement.

512. L'interdiction cesse avec les causes qui l'ont déterminée : néanmoins la mainlevée ne sera prononcée qu'en observant les formalités prescrites pour parvenir à l'interdiction, et l'interdit ne pourra reprendre l'exercice de ses droits qu'après le jugement de main-levée.

Dans une maison de santé,
Et, s'il le faut, dans un hospice.

511. De l'enfant né d'un interdit,
Si l'hymen est prêt à se faire,
La dot, en ce cas, nécessaire
Pour contracter l'hymen susdit,
Ou bien l'avancement d'hoirie,
Et chaque autre convention
De la conjugale union,
Que le susdit enfant envie,
Seront réglés par un avis
Par le conseil alors émis;
Lequel avis, dans cette affaire,
Devra, pour devenir légal,
Avoir toujours du tribunal
L'approbation salutaire,
Sur les conclusions pourtant
Que donnera le commissaire
Élu par le Gouvernement.

512. L'interdiction doit finir
Lorsque l'on voit s'anéantir
Les raisons qui l'ont motivée,
Et néanmoins la main-levée
Ne peut avoir lieu qu'en suivant
Chaque formalité prescrite
Pour l'interdiction susdite;

CHAPITRE III.

Du Conseil judiciaire.

Art. 513. Il peut être défendu aux prodigues de plaider, de transiger, d'emprunter, de recevoir un capital mobilier et d'en donner décharge, d'aliéner, ni de grever leurs biens d'hypothèques, sans l'assistance d'un conseil qui leur est nommé par le tribunal.

514. La défense de procéder sans l'assistance d'un conseil, peut être provoquée par ceux qui ont droit de demander l'interdiction; leur demande doit être instruite et jugée de la même manière.

Enfin, l'interdit ne reprend
De ses droits divers l'exercice,
Qu'après le jugement propice
Que pour la main-levée on rend.

CHAPITRE III.

Du Conseil judiciaire.

513. A tout prodigue individu
Il peut être aussi défendu
De contracter aucune dette,
Vendre, plaider, faire recette
D'un capital mobilier,
En donner valable décharge,
Grever ses biens d'aucune charge,
Transiger, se concilier,
Sans l'assistance salutaire
D'un conseil que lui nommera
Le tribunal, qui lors sera
Compétent pour semblable affaire.

514. Ceux ayant droit de demander
Que l'interdiction commence,
Pourront provoquer la défense
De rien faire, et de procéder
Dudit conseil sans l'assistance ;
De la même manière, il faut

Cette défense ne peut être levée qu'en observant les mêmes formalités.

515. Aucun jugement, en matière d'interdiction, ou de nomination de conseil, ne pourra être rendu, soit en première instance, soit en cause d'appel, que sur les conclusions du commissaire du Gouvernement.

FIN DU LIVRE PREMIER.

Que leur demande soit instruite,
Et, de plus, jugée aussitôt.

Ne peut la défense susdite
Être levée, à moins pourtant
D'observer la forme prescrite
Pour l'obtenir valablement.

515. D'interdiction en matière,
Ou bien lorsqu'il s'agit de faire
D'un conseil le choix important,
Ne peut en instance première,
Ni même en appel existant,
Être rendu nul jugement,
Que l'on n'ait ouï sur l'affaire
Toutes conclusions qu'avant
Devra donner le commissaire
Nommé par le Gouvernement.

FIN DU LIVRE PREMIER.

TABLE

Des matières contenues dans le
Livre premier du Code civil.

~~~~~~~~

1.   27

CHAPITRE II.

De la Privation des Droits civils.

SECTION PREMIÈRE.

SECTION II.

TITRE SECOND.

Des Actes de l'Etat civil.

CHAPITRE PREMIER.

CHAPITRE II.

CHAPITRE III.

CHAPITRE IV.

CHAPITRE II.

Du Divorce pour cause déterminée.

SECTION PREMIÈRE.

SECTION II.

SECTION III.

CHAPITRE III.

CHAPITRE IV.

CHAPITRE V.

TITRE SEPTIÈME.

De la Paternité et de la Filiation.

CHAPITRE PREMIER.

TITRE HUITIÈME.

De l'Adoption et de la Tutelle officieuse.

CHAPITRE PREMIER.

De l'Adoption.

SECTION PREMIÈRE.

SECTION II.

CHAPITRE II.

TITRE ONZIEME.

De la Majorité, de l'Interdiction et du Conseil judiciaire.

CHAPITRE PREMIER.

Fin de la Table des Matières.